PREFÁCIO

A coleção de frases de viagem "Vai tudo correr bem!" publicada pela T&P Books é concebida para pessoas que vão ao estrangeiro em viagens de turismo e negócios. Os livros de frases contêm o que é mais importante - o essencial para uma comunicação básica. Este é um conjunto indispensável de frases para "sobreviver" no estrangeiro.

Este Guia de Conversação irá ajudá-lo na maioria das situações em que precise de perguntar alguma coisa, obter direções, saber quanto custa algo, etc. Pode também resolver situações de difícil comunicação onde os gestos simplesmente não ajudam.

Este livro contém uma série de frases que foram agrupadas de acordo com os tópicos mais relevantes. Também encontrará um mini dicionário com palavras úteis - números, tempo, calendário, cores ...

Leve consigo para a estrada o Guia de Conversação "Vai tudo correr bem!" e terá um companheiro de viagem insubstituível, que irá ajudá-lo a encontrar o seu caminho em qualquer situação e ensiná-lo a não recear falar com estrangeiros.

TABELA DE CONTEÚDOS

T&P Books Publishing

Guia de Conversação Português-Alemão e mini dicionário 250 palavras

Por Andrey Taranov

A coleção de frases de viagem "Vai tudo correr bem!" publicada pela T&P Books é concebida para pessoas que vão ao estrangeiro em viagens de turismo e negócios. Os livros de frases contêm o que é mais importante - o essencial para uma comunicação básica. Este é um conjunto indispensável de frases para "sobreviver" no estrangeiro.

Também encontrará um mini dicionário com 250 palavras úteis necessárias para a comunicação do dia a dia - os nomes dos meses e dias da semana, medidas, membros da família e muito mais.

Editora T&P Books
www.tpbooks.com

ISBN: 978-1-78492-568-0

Este livro também está disponível em formato E-book.
Por favor visite www.tpbooks.com ou as principais livrarias on-line.

PRONÚNCIA

Vogais

[a]	**Blatt**	chamar
[ɐ]	**Meister**	amar
[e]	**Melodie**	metal
[ɛ]	**Herbst**	mesquita
[ə]	**Leuchte**	milagre
[ɔ]	**Knopf**	emboço
[o]	**Operette**	lobo
[œ]	**Förster**	orgulhoso
[ø]	**nötig**	orgulhoso
[æ]	**Los Angeles**	semana
[i]	**Spiel**	sinónimo
[ɪ]	**Absicht**	sinónimo
[ʊ]	**Skulptur**	bonita
[u]	**Student**	bonita
[y]	**Pyramide**	questionar
[ʏ]	**Eukalyptus**	questionar

Consoantes

[b]	**Bibel**	barril
[d]	**Dorf**	dentista
[f]	**Elefant**	safári
[ʒ]	**Ingenieur**	talvez
[dʒ]	**Jeans**	adjetivo
[j]	**Interview**	géiser
[g]	**August**	gosto
[h]	**Haare**	[h] aspirada
[ç]	**glücklich**	caixa
[x]	**Kochtopf**	fricativa uvular surda
[k]	**Kaiser**	kiwi
[l]	**Verlag**	libra

Alfabeto fonético T&P	Exemplo Alemão	Exemplo Português
[m]	Messer	magnólia
[n]	Norden	natureza
[ŋ]	Onkel	alcançar
[p]	Gespräch	presente
[r]	Force majeure	riscar
[ʁ]	Kirche	[r] vibrante
[ʀ]	fragen	[r] vibrante
[s]	Fenster	sanita
[t]	Foto	tulipa
[ts]	Gesetz	tsé-tsé
[ʃ]	Anschlag	mês
[tʃ]	Deutsche	Tchau!
[w]	Sweater	página web
[v]	Antwort	fava
[z]	langsam	sésamo

Ditongos

[aɪ]	Speicher	cereais
[ɪa]	Miniatur	Himalaias
[ɪo]	Radio	ioga
[jo]	Illustration	ioga
[ɔɪ]	feucht	moita
[ɪe]	Karriere	folheto

Símbolos adicionais

[']	['aːbɐ]	acento principal
[ˌ]	['dɛŋkˌmaːl]	acento secundário
[ʔ]	[o'liːvənˌʔøːl]	oclusiva glotal
[ː]	['myːlə]	som de longa duração
[·]	['ʀaɪzə·byˌʀoː]	ponto mediano

LISTA DE ABREVIATURAS

Abreviaturas do Português

adj	-	adjetivo
adv	-	advérbio
anim.	-	animado
conj.	-	conjunção
desp.	-	desporto
etc.	-	etecetra
ex.	-	por exemplo
f	-	nome feminino
f pl	-	feminino plural
fem.	-	feminino
inanim.	-	inanimado
m	-	nome masculino
m pl	-	masculino plural
m, f	-	masculino, feminino
masc.	-	masculino
mat.	-	matemática
mil.	-	militar
pl	-	plural
prep.	-	preposição
pron.	-	pronome
sb.	-	sobre
sing.	-	singular
v aux	-	verbo auxiliar
vi	-	verbo intransitivo
vi, vt	-	verbo intransitivo, transitivo
vr	-	verbo reflexivo
vt	-	verbo transitivo

Abreviaturas do Alemão

f	-	nome feminino
f pl	-	feminino plural
f, n	-	feminino, neutro
m	-	nome masculino
m pl	-	masculino plural
m, f	-	masculino, feminino

m, n	-	masculino, neutro
n	-	neutro
n pl	-	neutro plural
pl	-	plural
v mod	-	verbo modal
vi	-	verbo intransitivo
vi, vt	-	verbo intransitivo, transitivo
vt	-	verbo transitivo

T&P BOOKS

GUIA DE CONVERSAÇÃO ALEMÃO

Esta secção contém frases importantes que podem vir a ser úteis em várias situações da vida real. O Guia de Conversação irá ajudá-lo a pedir orientações, esclarecer um preço, comprar bilhetes e pedir comida num restaurante

T&P Books Publishing

CONTEÚDO DO GUIA DE CONVERSAÇÃO

Desculpe, ...

Entschuldigen Sie bitte, ...
[ɛnt'ʃʊldɪgən zi: "bɪtə, ...]

Olá!

Hallo.
[ha'lo:]

Obrigado /Obrigada/.

Danke.
['daŋkə]

Adeus.

Auf Wiedersehen.
[aʊf 'vi:də͵ze:ən]

Sim.

Ja.
[ja:]

Não.

Nein.
[naɪn]

Não sei.

Ich weiß nicht.
[ɪç vaɪs nɪçt]

Onde? | Para onde? | Quando?

Wo? | Wohin? | Wann?
[vo:? | vo'hɪn? | van?]

Preciso de ...

Ich brauche ...
[ɪç 'bʀaʊχə ...]

Eu queria ...

Ich möchte ...
[ɪç 'mœçtə ...]

Tem ...?

Haben Sie ...?
['ha:bən zi: ...?]

Há aqui ...?

Gibt es hier ...?
[gi:pt ɛs 'hi:ɐ ...?]

Posso ...?

Kann ich ...?
[kan ɪç ...?]

..., por favor

Bitte
['bɪtə]

Estou à procura ...

Ich suche ...
[ɪç 'zu:χə ...]

da casa de banho

Toilette
[toa'lɛtə]

dum Multibanco

Geldautomat
['gɛlt?'aʊto͵ma:t]

de uma farmácia

Apotheke
[apo'te:kə]

dum hospital

Krankenhaus
['kʀaŋkən͵haʊs]

da esquadra de polícia

Polizeistation
[poli'tsaɪ·ʃta͵tsjo:n]

do metro

U-Bahn
['u:ba:n]

de um táxi	**Taxi** ['taksi]
da estação de comboio	**Bahnhof** ['baːnˌhoːf]

Chamo-me …	**Ich heiße …** [ɪç 'haɪsə …]
Como se chama?	**Wie heißen Sie?** [viː 'haɪsən ziː?]
Pode-me dar uma ajuda?	**Helfen Sie mir bitte.** ['hɛlfən ziː miːɐ 'bɪtə]
Tenho um problema.	**Ich habe ein Problem.** [ɪç 'haːbə aɪn pʀo'bleːm]
Não me sinto bem.	**Mir ist schlecht.** [miːɐ ɪs ʃlɛçt]
Chame a ambulância!	**Rufen Sie einen Krankenwagen!** ['ʀuːfən ziː 'aɪnən 'kʀaŋkənˌvaːgən!]
Posso fazer uma chamada?	**Darf ich telefonieren?** [daʀf ɪç telefoˈniːʀən?]

Desculpe.	**Entschuldigung.** [ɛntˈʃʊldɪgʊŋ]
De nada.	**Keine Ursache.** ['kaɪnə 'uːɐˌzaχə]

eu	**ich** [ɪç]
tu	**du** [duː]
ele	**er** [eːɐ]
ela	**sie** [ziː]
eles	**sie** [ziː]
elas	**sie** [ziː]
nós	**wir** [viːɐ]
vocês	**ihr** [iːɐ]
você	**Sie** [ziː]

ENTRADA	**EINGANG** ['aɪnˌgaŋ]
SAÍDA	**AUSGANG** ['aʊsˌgaŋ]
FORA DE SERVIÇO	**AUßER BETRIEB** [ˌaʊsɐ bə'tʀiːp]
FECHADO	**GESCHLOSSEN** [gə'ʃlɔsən]

ABERTO

OFFEN
['ɔfən]

PARA SENHORAS

FÜR DAMEN
[fyːɐ 'damən]

PARA HOMENS

FÜR HERREN
[fyːɐ 'hɛʀən]

Perguntas

Onde?

Wo?
[vo:?]

Para onde?

Wohin?
[vo'hɪn?]

De onde?

Woher?
[vo'heːɐ?]

Porquê?

Warum?
[va'ʀʊm?]

Porque razão?

Wozu?
[vo'tsuː?]

Quando?

Wann?
[van?]

Quanto tempo?

Wie lange?
[viː 'laŋə?]

A que horas?

Um wie viel Uhr?
[ʊm viː fiːl uːɐ?]

Quanto?

Wie viel?
[viː fiːl?]

Tem ...?

Haben Sie ...?
['haːbən ziː ...?]

Onde fica ...?

Wo befindet sich ...?
[vo: bə'fɪndət zɪç ...?]

Que horas são?

Wie spät ist es?
[viː ʃpɛːt ist ɛs?]

Posso fazer uma chamada?

Darf ich telefonieren?
[daʀf ɪç telefo'niːʀən?]

Quem é?

Wer ist da?
[voːɐ ist daː?]

Posso fumar aqui?

Darf ich hier rauchen?
[daʀf ɪç 'hiːɐ 'ʀaʊχən?]

Posso ...?

Darf ich ...?
[daʀf ɪç ...?]

Necessidades

Eu gostaria de …	**Ich hätte gerne …** [ɪç 'hɛtə "gɛʁnə …]
Eu não quero …	**Ich will nicht …** [ɪç vɪl nɪçt …]
Tenho sede.	**Ich habe Durst.** [ɪç 'ha:bə dʊʁst]
Eu quero dormir.	**Ich möchte schlafen.** [ɪç 'mœçtə 'ʃla:fən]

Eu queria …	**Ich möchte …** [ɪç 'mœçtə …]
lavar-me	**abwaschen** [ap'vaʃən]
escovar os dentes	**meine Zähne putzen** ['maɪnə 'tsɛ:nə 'pʊtsən]
descansar um pouco	**eine Weile ausruhen** ['aɪnə 'vaɪlə 'aʊsˌʁu:ən]
trocar de roupa	**meine Kleidung wechseln** ['maɪnə 'klaɪdʊŋ 'vɛksəln]

voltar ao hotel	**zurück ins Hotel gehen** [tsu'ʁʏk ɪns ho'tɛl 'ge:ən]
comprar …	**… kaufen** [… "kaʊfən]
ir para …	**… gehen** [… 'ge:ən]
visitar …	**… besuchen** [… bə'zuxən]
encontrar-me com …	**… treffen** [… 'tʁɛfən]
fazer uma chamada	**einen Anruf tätigen** ['aɪnən 'anˌʁu:f 'tɛ:tɪgən]

Estou cansado /cansada/.	**Ich bin müde.** [ɪç bɪn 'my:də]
Nós estamos cansados /cansadas/.	**Wir sind müde.** [vi:ɐ zɪnt 'my:də]
Tenho frio.	**Mir ist kalt.** [mi:ɐ ɪs kalt]
Tenho calor.	**Mir ist heiß.** [mi:ɐ ɪs haɪs]
Estou bem.	**Mir passt es.** [mi:ɐ past ɛs]

Preciso de telefonar.

Ich muss telefonieren.
[ɪç mʊs telefo'niːʀən]

Preciso de ir à casa de banho.

Ich muss auf die Toilette.
[ɪç mʊs 'aʊf di toa'lɛtə]

Tenho de ir.

Ich muss gehen.
[ɪç mʊs 'geːən]

Tenho de ir agora.

Ich muss jetzt gehen.
[ɪç mʊs jɛtst 'geːən]

Perguntando por direções

Desculpe, ...

Entschuldigen Sie bitte, ...
[ɛnt'ʃʊldɪgən zi: "bɪtə, ...]

Onde fica ...?

Wo befindet sich ...?
[vo: bə'fɪndət zɪç ...?]

Para que lado fica ...?

Welcher Weg ist ...?
['vɛlçɐ ve:k ist ...?]

Pode-me dar uma ajuda?

Könnten Sie mir bitte helfen?
['kœntən zi: mi:ɐ "bɪtə 'hɛlfən?]

Estou à procura de ...

Ich suche ...
[ɪç 'zu:χə ...]

Estou à procura da saída.

Ich suche den Ausgang.
[ɪç 'zu:χə den "aʊs,gaŋ]

Eu vou para ...

Ich fahre nach ...
[ɪç 'fa:ʀə na:χ ...]

Estou a ir bem para ...?

Gehe ich richtig nach ...?
['ge:ə ɪç 'ʀɪçtɪç na:χ ...?]

Fica longe?

Ist es weit?
[ist ɛs vaɪt?]

Posso ir até lá a pé?

Kann ich dort zu Fuß hingehen?
[kan ɪç dɔʀt tsu fu:s 'hɪn,ge:ən?]

Pode-me mostrar no mapa?

**Können Sie es mir auf
der Karte zeigen?**
['kœnən zi: ɛs mi:ɐ aʊf
de:ɐ 'kaʀtə 'tsaɪgən?]

Mostre-me onde estamos de momento.

Zeigen Sie mir wo wir gerade sind.
['tsaɪgən zi: mi:ɐ vo: vi:ɐ gə'ʀa:də zɪnt]

Aqui

Hier
['hi:ɐ]

Ali

Dort
[dɔʀt]

Por aqui

Hierher
['hi:ɐ'he:ɐ]

Vire à direita.

Biegen Sie rechts ab.
['bi:gən zi: ʀɛçts ap]

Vire à esquerda.

Biegen Sie links ab.
['bi:gən zi: lɪŋks ap]

primeira (segunda, terceira) curva

erste (zweite, dritte) Abzweigung
['ɛʀstə ('tsvaɪtə, 'dʀɪtə) 'ap,tsvaɪgʊŋ]

para a direita

nach rechts
[na:χ ʀɛçts]

para a esquerda	**nach links** [naːχ lɪŋks]
Vá sempre em frente.	**Laufen Sie geradeaus.** ['laʊfən ziː gəʀaːdəˈʔaʊs]

Sinais

BEM-VINDOS!	**HERZLICH WILLKOMMEN!** ['hɛʁtslɪç vɪl'kɔmən!]
ENTRADA	**EINGANG** ['aɪŋ‚gaŋ]
SAÍDA	**AUSGANG** ['aʊs‚gaŋ]

EMPURRAR	**DRÜCKEN** ['dʀʏkən]
PUXAR	**ZIEHEN** ['tsiːən]
ABERTO	**OFFEN** ['ɔfən]
FECHADO	**GESCHLOSSEN** [gə'ʃlɔsən]

PARA SENHORAS	**FÜR DAMEN** [fyːɐ 'damən]
PARA HOMENS	**FÜR HERREN** [fyːɐ 'hɛʀən]
HOMENS, CAVALHEIROS	**HERREN-WC** ['hɛʀən-ve'tseː]
SENHORAS	**DAMEN-WC** ['daːmən-ve'tseː]

DESCONTOS	**RABATT	REDUZIERT** [ʀa'bat	ʀedu'tsiːɐt]
SALDOS	**AUSVERKAUF** ['aʊsfɛɐ‚kaʊf]
GRATUITO	**GRATIS** ['gʀaːtɪs]
NOVIDADE!	**NEU!** [nɔɪ!]
ATENÇÃO!	**ACHTUNG!** ['aχtʊŋ!]

NÃO HÁ VAGAS	**KEINE ZIMMER FREI** ['kaɪnə 'tsɪmɐ fʀaɪ]
RESERVADO	**RESERVIERT** [ʀezɛʁ'viːɐt]
ADMINISTRAÇÃO	**VERWALTUNG** [fɛɐ'valtʊŋ]
ACESSO RESERVADO	**NUR FÜR PERSONAL** [nuːɐ fyːɐ pɛʁzo'naːl]

CUIDADO COM O CÃO

NÃO FUMAR!

NÃO MEXER!

PERIGOSO

PERIGO

ALTA TENSÃO

PROIBIDO NADAR

BISSIGER HUND
['bɪsɪgɐ hʊnt]

RAUCHEN VERBOTEN
['ʀaʊχən fɛɐ'boːtən]

NICHT ANFASSEN!
[nɪçt 'anfasən!]

GEFÄHRLICH
[gə'fɛːɐlɪç]

GEFAHR
[gə'faːɐ]

HOCHSPANNUNG
['hoːχ∫panʊŋ]

BADEN VERBOTEN
['baːdən fɛɐ'boːtən]

FORA DE SERVIÇO

INFLAMÁVEL

PROIBIDO

PASSAGEM PROIBIDA

PINTADO DE FRESCO

AUßER BETRIEB
[ˌaʊsɐ bə'tʀiːp]

LEICHTENTZÜNDLICH
['laɪçt?ɛn'tsʏntlɪç]

VERBOTEN
[fɛɐ'boːtən]

DURCHGANG VERBOTEN
['dʊʀç,gaŋ fɛɐ'boːtən]

FRISCH GESTRICHEN
[fʀɪ∫ gə'∫tʀɪçən]

FECHADO PARA OBRAS

TRABALHOS NA VIA

DESVIO

**WEGEN RENOVIERUNG
GESCHLOSSEN**
['veːgən ʀeno'viːʀʊŋ
gə'∫lɔsən]

ACHTUNG BAUARBEITEN
['aχtʊŋ 'baʊ?aʀ,baɪtən]

UMLEITUNG
['ʊm,laɪtʊŋ]

Transportes. Frases gerais

avião	**Flugzeug** ['fluːkˌtsɔɪk]
comboio	**Zug** [tsuːk]
autocarro	**Bus** [bʊs]
ferri	**Fähre** ['fɛːʀə]
táxi	**Taxi** ['taksi]
carro	**Auto** ['aʊto]

horário	**Zeitplan** ['tsaɪtˌplaːn]
Onde posso ver o horário?	**Wo kann ich den Zeitplan sehen?** [voː kan ɪç den "tsaɪtˌplaːn 'zeːən?]
dias de trabalho	**Arbeitstage** ['aʀbaɪtsˌtaːgə]
fins de semana	**Wochenenden** ['vɔxənˌʔɛndən]
férias	**Ferien** ['feːʀɪən]

PARTIDA	**ABFLUG** ['apfluːk]
CHEGADA	**ANKUNFT** ['ankʊnft]
ATRASADO	**VERSPÄTET** [fɛɐ'ʃpɛːtət]
CANCELADO	**GESTRICHEN** [gə'ʃtʀɪçən]

próximo (comboio, etc.)	**nächster** ['nɛːçstə]
primeiro	**erster** ['eːɐstə]
último	**letzter** ['lɛtstə]

Quando é o próximo ...?	**Wann kommt der nächste ...?** [van kɔmt deːɐ 'nɛːçstə ...?]
Quando é o primeiro ...?	**Wann kommt der erste ...?** [van kɔmt deːɐ 'ɛʀstə ...?]

Quando é o último …?

Wann kommt der letzte …?
[van kɔmt deːɐ 'lɛtstə …?]

transbordo

Transfer
[tʀans'feːɐ]

fazer o transbordo

einen Transfer machen
['aɪnən tʀans'feːɐ 'maχən]

Preciso de fazer o transbordo?

Muss ich einen Transfer machen?
[mʊs ɪç "aɪnən tʀans'feːɐ 'maχən?]

Comprando bilhetes

Onde posso comprar bilhetes?	**Wo kann ich Fahrkarten kaufen?** [voː kan ɪç "faːɐ̯ˌkaʁtən "kaʊfən?]
bilhete	**Fahrkarte** ['faːɐ̯ˌkaʁtə]
comprar um bilhete	**Eine Fahrkarte kaufen** [aɪnə "faːɐ̯ˌkaʁtə "kaʊfən]
preço do bilhete	**Fahrpreis** ['faːɐ̯ˌpʀaɪs]

Para onde?	**Wohin?** [voˈhɪn?]
Para que estação?	**Welche Station?** ['vɛlçə ʃtaˈtsjoːn?]
Preciso de ...	**Ich brauche ...** [ɪç 'bʀaʊxə ...]
um bilhete	**eine Fahrkarte** [aɪnə "faːɐ̯ˌkaʁtə]
dois bilhetes	**zwei Fahrkarten** [tsvaɪ "faːɐ̯ˌkaʁtən]
três bilhetes	**drei Fahrkarten** [dʀaɪ "faːɐ̯ˌkaʁtən]

só de ida	**in eine Richtung** [ɪn 'aɪnə 'ʀɪçtʊŋ]
de ida e volta	**hin und zurück** [hɪn ʊnt tsu'ʀʏk]
primeira classe	**erste Klasse** ['ɛʁstə 'klasə]
segunda classe	**zweite Klasse** ['tsvaɪtə 'klasə]

hoje	**heute** ['hɔɪtə]
amanhã	**morgen** ['mɔʁgən]
depois de amanhã	**übermorgen** ['yːbɐˌmɔʁgən]
de manhã	**am Vormittag** [am 'foːɐ̯mɪtaːk]
à tarde	**am Nachmittag** [am 'naːxmɪˌtaːk]
ao fim da tarde	**am Abend** [am 'aːbənt]

lugar de corredor	**Gangplatz** [ˈɡaŋˌplats]
lugar à janela	**Fensterplatz** [ˈfɛnstɐˌplats]
Quanto?	**Wie viel?** [vi: fi:l?]
Posso pagar com cartão de crédito?	**Kann ich mit Karte zahlen?** [kan ɪç mɪt ˈkaʁtə ˈtsa:lən?]

Autocarro

autocarro	**Bus** [bʊs]
camioneta (autocarro interurbano)	**Fernbus** ['fɛʁnbʊs]
paragem de autocarro	**Bushaltestelle** ['bʊshaltəˌʃtɛlə]
Onde é a paragem de autocarro mais perto?	**Wo ist die nächste Bushaltestelle?** [vo: ist di 'nɛːçstə "bʊshaltəˌʃtɛlə?]

número	**Nummer** ['nʊmɐ]
Qual o autocarro que apanho para ...?	**Welchen Bus nehme ich um nach ... zu kommen?** ['vɛlçən bʊs 'neːmə ɪç um naːχ ... tsu 'kɔmən?]
Este autocarro vai até ...?	**Fährt dieser Bus nach ...?** [fɛːɐt 'diːzɐ bʊs naːχ ...?]
Com que frequência passam os autocarros?	**Wie oft fahren die Busse?** [viː ɔft 'faːʁən di 'bʊsə?]

de 15 em 15 minutos	**alle fünfzehn Minuten** [alə "fʏnftseːn miˈnuːtən]
de meia em meia hora	**jede halbe Stunde** ['jeːdə 'halbə 'ʃtʊndə]
de hora a hora	**jede Stunde** ['jeːdə 'ʃtʊndə]
várias vezes ao dia	**mehrmals täglich** ['meːɐmaːls 'tɛːklɪç]
... vezes ao dia	**... Mal am Tag** [... mal am taːk]

horário	**Zeitplan** ['tsaɪtˌplaːn]
Onde posso ver o horário?	**Wo kann ich den Zeitplan sehen?** [vo: kan ɪç den "tsaɪtˌplaːn 'zeːən?]
Quando é o próximo autocarro?	**Wann kommt der nächste Bus?** [van kɔmt deːɐ 'nɛːçstə bʊs?]
Quando é o primeiro autocarro?	**Wann kommt der erste Bus?** [van kɔmt deːɐ 'ɛʁstə bʊs?]
Quando é o último autocarro?	**Wann kommt der letzte Bus?** [van kɔmt deːɐ 'lɛtstə bʊs?]

paragem	**Halt** [halt]
próxima paragem	**nächster Halt** ['nɛ:çstə halt]
última paragem	**letzter Halt** ['lɛtstə halt]
Pare aqui, por favor.	**Halten Sie hier bitte an.** [haltən zi: 'hi:ɐ "bɪtə an]
Desculpe, esta é a minha paragem.	**Entschuldigen Sie mich,** **dies ist meine Haltestelle.** [ɛnt'ʃuldɪgən zi: mɪç, di:s ist maɪnə 'haltəʃtɛlə]

Comboio

comboio	**Zug** [tsuːk]
comboio sub-urbano	**S-Bahn** ['ɛsˌbaːn]
comboio de longa distância	**Fernzug** ['fɛʁnˌtsuːk]
estação de comboio	**Bahnhof** ['baːnˌhoːf]
Desculpe, onde fica a saída para a plataforma?	**Entschuldigen Sie bitte, wo ist der Ausgang zum Bahngleis?** [ɛnt'ʃʊldɪɡən ziː 'bɪtə, voː ist deːɐ 'aʊsɡaŋ tsʊm 'baːnˌɡlaɪs?]

Este comboio vai até ...?	**Fährt dieser Zug nach ...?** [fɛːɐt 'diːzɐ tsuːk naːχ ...?]
o próximo comboio	**nächster Zug** ['nɛːçstɐ tsuːk]
Quando é o próximo comboio?	**Wann kommt der nächste Zug?** [van kɔmt deːɐ 'nɛːçstə tsuːk?]
Onde posso ver o horário?	**Wo kann ich den Zeitplan sehen?** [voː kan ɪç den 'tsaɪtˌplaːn 'zeːən?]
Apartir de que plataforma?	**Von welchem Bahngleis?** [fɔn 'vɛlçəm 'baːnˌɡlaɪs?]
Quando é que o comboio chega a ...?	**Wann kommt der Zug in ... an?** [van kɔmt deːɐ tsuːk ɪn ... an?]

Ajude-me, por favor.	**Helfen Sie mir bitte.** ['hɛlfən ziː miːɐ 'bɪtə]
Estou à procura do meu lugar.	**Ich suche meinen Platz.** [ɪç 'zuːχə 'maɪnən plats]
Nós estamos à procura dos nossos lugares.	**Wir suchen unsere Plätze.** [viːɐ 'zuːχən 'ʊnzərə 'plɛtsə]

O meu lugar está ocupado.	**Unser Platz ist besetzt.** ['ʊnzɐ plats ist bə'zɛtst]
Os nossos lugares estão ocupados.	**Unsere Plätze sind besetzt.** ['ʊnzərə 'plɛtsə zɪnt bə'zɛtst]
Peço desculpa mas este é o meu lugar.	**Entschuldigen Sie, aber das ist mein Platz.** [ɛnt'ʃʊldɪɡən ziː, 'aːbɐ das ist maɪn plats]

Este lugar está ocupado?

Ist der Platz frei?
[ist deːɐ plats fʀaɪ?]

Posso sentar-me aqui?

Darf ich mich hier setzen?
[daʁf ɪç mɪç 'hiːɐ 'zɛtsən?]

No comboio. Diálogo (Sem bilhete)

Bilhete, por favor.	**Fahrkarte bitte.** ['faːɐ̯ˌkaʁtə 'bɪtə]
Não tenho bilhete.	**Ich habe keine Fahrkarte.** [ɪç 'haːbə kaɪnə ''faːɐ̯ˌkaʁtə]
Perdi o meu bilhete.	**Ich habe meine Fahrkarte verloren.** [ɪç 'haːbə maɪnə ''faːɐ̯ˌkaʁtə fɛɐ̯'loːʁən]
Esqueci-me do bilhete em casa.	**Ich habe meine Fahrkarte zuhause vergessen.** [ɪç 'haːbə maɪnə ''faːɐ̯ˌkaʁtə tsu'hauzə fɛɐ̯'ɡɛsən]

Pode comprar um bilhete a mim.	**Sie können von mir eine Fahrkarte kaufen.** [ziː 'kœnən fɔn miːɐ̯ 'aɪnə ''faːɐ̯ˌkaʁtə ''kaufən]
Terá também de pagar uma multa.	**Sie werden auch eine Strafe zahlen.** [ziː 'veːɐ̯dən auχ 'aɪnə ''ʃtraːfə 'tsaːlən]
Está bem.	**Gut.** [guːt]
Onde vai?	**Wohin fahren Sie?** [vo'hɪn 'faːʁən ziː?]
Eu vou para …	**Ich fahre nach …** [ɪç 'faːʁə naːχ …]

Quanto é? Eu não entendo.	**Wie viel? Ich verstehe nicht.** [viː fiːl? ɪç fɛɐ̯'ʃteːə nɪçt]
Escreva, por favor.	**Schreiben Sie es bitte auf.** ['ʃraɪbən ziː ɛs 'bɪtə auf]
Está bem. Posso pagar com cartão de crédito?	**Gut. Kann ich mit Karte zahlen?** [guːt. kan ɪç mɪt 'kaʁtə 'tsaːlən?]
Sim, pode.	**Ja, das können Sie.** [jaː, das 'kœnən ziː]

Aqui tem a sua fatura.	**Hier ist ihre Quittung.** ['hiːɐ̯ ist 'iːʁə 'kvɪtʊŋ]
Desculpe pela multa.	**Tut mir leid wegen der Strafe.** [tuːt miːɐ̯ laɪt 'veːɡən deːɐ̯ ''ʃtraːfə]
Não tem mal. A culpa foi minha.	**Das ist in Ordnung. Es ist meine Schuld.** [das is ɪn 'ɔʁdnʊŋ. ɛs ist 'maɪnə ʃʊlt]
Desfrute da sua viagem.	**Genießen Sie Ihre Fahrt.** [ɡə'niːsən ziː 'iːʁə faːɐ̯t]

Taxi

táxi	**Taxi** ['taksi]
taxista	**Taxifahrer** ['taksi͵faːʀɐ]
apanhar um táxi	**Ein Taxi nehmen** [aɪn "taksi 'neːmən]
paragem de táxis	**Taxistand** ['taksiʃtant]
Onde posso apanhar um táxi?	**Wo kann ich ein Taxi bekommen?** [voː kan ɪç aɪn "taksi beˈkɔmən?]
chamar um táxi	**Ein Taxi rufen** [aɪn "taksi 'ʀuːfən]
Preciso de um táxi.	**Ich brauche ein Taxi.** [ɪç 'bʀauχə aɪn "taksi]
Agora.	**Jetzt sofort.** [jɛtst zoˈfɔʁt]
Qual é a sua morada?	**Wie ist Ihre Adresse?** [vi ist 'iːʀə aˈdʀɛsə?]
A minha morada é …	**Meine Adresse ist …** ['maɪnə aˈdʀɛsə ist …]
Qual o seu destino?	**Ihr Ziel?** [iːɐ tsiːl?]
Desculpe, …	**Entschuldigen Sie bitte, …** [ɛntˈʃuldɪɡən zi: "bɪtə, …]
Está livre?	**Sind Sie frei?** [zɪnt zi: fʀaɪ?]
Em quanto fica a corrida até …?	**Was kostet die Fahrt nach …?** [vas 'koːstət di faːɐt naχ …?]
Sabe onde é?	**Wissen Sie wo es ist?** ['vɪsən zi: vo: ɛs 'ist?]
Para o aeroporto, por favor.	**Flughafen, bitte.** ['fluːkͺhaːfən, "bɪtə]
Pare aqui, por favor.	**Halten Sie hier bitte an.** [haltən zi: 'hiːɐ "bɪtə an]
Não é aqui.	**Das ist nicht hier.** [das is nɪçt 'hiːɐ]
Esta morada está errada. (Não é aqui)	**Das ist die falsche Adresse.** [das is di: 'falʃə aˈdʀɛsə]
Vire à esquerda.	**nach links** [naːχ lɪŋks]
Vire à direita.	**nach rechts** [naːχ ʀɛçts]

Quanto lhe devo?	**Was schulde ich Ihnen?** [vas 'ʃʊldə ɪç 'i:nən?]
Queria fatura, por favor.	**Ich würde gerne** **ein Quittung haben, bitte.** [ɪç 'vʏʁdə 'gɛʁnə aɪn 'kvɪtʊŋ 'ha:bən, "bɪtə]
Fique com o troco.	**Stimmt so.** [ʃtɪmt zo:]

Espere por mim, por favor.	**Warten Sie auf mich bitte.** ['vaʁtən zi: 'aʊf mɪç "bɪtə]
5 minutos	**fünf Minuten** [fʏnf mi'nu:tən]
10 minutos	**zehn Minuten** [tse:n mi'nu:tən]
15 minutos	**fünfzehn Minuten** ['fʏnftse:n mi'nu:tən]
20 minutos	**zwanzig Minuten** ['tsvantsɪç mi'nu:tən]
meia hora	**eine halbe Stunde** ['aɪnə 'halbə 'ʃtʊndə]

Hotel

Olá!	**Guten Tag.** [ˌguten 'taːk]
Chamo-me ...	**Mein Name ist ...** [maɪn 'naːmə ist ...]
Tenho uma reserva.	**Ich habe eine Reservierung.** [ɪç 'haːbɛ 'aɪnə ʁezɛʁ'viːʁʊŋ]
Preciso de ...	**Ich brauche ...** [ɪç 'bʁaʊχə ...]
um quarto de solteiro	**ein Einzelzimmer** [aɪn 'aɪntselˌtsɪmə]
um quarto de casal	**ein Doppelzimmer** [aɪn 'dopəlˌtsɪmə]
Quanto é?	**Wie viel kostet das?** [viː fiːl 'kɔstət das?]
Está um pouco caro.	**Das ist ein bisschen teuer.** [das is aɪn 'bɪsçən 'tɔɪe]
Não tem outras opções?	**Haben Sie sonst noch etwas?** ['haːbən ziː zɔnst nɔχ 'ɛtvas?]
Eu fico com ele.	**Ich nehme es.** [ɪç 'neːmə ɛs]
Eu pago em dinheiro.	**Ich zahle bar.** [ɪç 'tsaːlə baːe]
Tenho um problema.	**Ich habe ein Problem.** [ɪç 'haːbə aɪn pʁo'bleːm]
O meu ... está partido.	**... ist kaputt.** [... ist ka'pʊt]
O meu ... está avariado.	**... ist außer Betrieb.** [... ist 'aʊsə bə'tʁiːp]
televisor	**Mein Fernseher** [maɪn 'fɛʁnˌzeːe]
ar condicionado	**Meine Klimaanlage** [maɪnə 'kliːmaˌʔanlaːgə]
torneira	**Mein Wasserhahn** [maɪn "vasəˌhaːn]
duche	**Meine Dusche** [maɪnə 'duːʃə]
lavatório	**Mein Waschbecken** [maɪn 'vaʃˌbɛkən]
cofre	**Mein Tresor** [maɪn tʁe'zoːe]

fechadura	**Mein Türschloss** [maɪn 'ty:eʃlɔs]
tomada elétrica	**Meine Steckdose** [maɪnə 'ʃtɛk͵do:zə]
secador de cabelo	**Mein Föhn** [maɪn fø:n]

Não tenho ...	**Ich habe kein ...** [ɪç 'ha:bə kaɪn ...]
água	**Wasser** ['vasɐ]
luz	**Licht** [lɪçt]
eletricidade	**Strom** [ʃtʀo:m]

Pode dar-me ...?	**Können Sie mir ... geben?** ['kœnən zi: mi:ɐ ... 'ge:bən?]
uma toalha	**ein Handtuch** [aɪn 'hant͵tu:χ]
um cobertor	**eine Decke** ['aɪnə 'dɛkə]
uns chinelos	**Hausschuhe** ['haʊsʃu:ə]
um roupão	**einen Bademantel** ['aɪnən 'ba:də͵mantəl]
algum champô	**etwas Shampoo** ['ɛtvas 'ʃampu]
algum sabonete	**etwas Seife** ['ɛtvas 'zaɪfə]

Gostaria de trocar de quartos.	**Ich möchte ein anderes Zimmer haben.** [ɪç 'mœçtə aɪn 'andərəs 'tsɪmɐ 'ha:bən]
Não consigo encontrar a minha chave.	**Ich kann meinen Schlüssel nicht finden.** [ɪç kan 'maɪnən 'ʃlʏsəl nɪçt 'fɪndən]
Abra-me o quarto, por favor.	**Machen Sie bitte meine Tür auf.** [' "maχən zi: 'bɪtə 'maɪnə ty:ɐ 'aʊf]
Quem é?	**Wer ist da?** [ve:ɐ ist da:?]
Entre!	**Kommen Sie rein!** ['kɔmən zi: ʀaɪn!]

Um minuto!	**Einen Moment bitte!** ['aɪnən mo'mɛnt 'bɪtə!]
Agora não, por favor.	**Nicht jetzt bitte.** [nɪçt jɛtst "bɪtə]
Venha ao meu quarto, por favor.	**Kommen Sie bitte in mein Zimmer.** ['kɔmən zi: 'bɪtə ɪn maɪn 'tsɪmɐ]

Gostaria de encomendar comida.	**Ich würde gerne Essen bestellen.** [ɪç 'vʏʁdə "gɛʁnə 'ɛsən bə'ʃtɛlən]
O número do meu quarto é ...	**Meine Zimmernummer ist ...** [maɪnə 'tsɪmɐ͵'nʊmɐ ist ...]

Estou de saída ...	**Ich reise ... ab.** [ɪç 'ʁaɪzə ... ap]
Estamos de saída ...	**Wir reisen ... ab.** [viːɐ 'ʁaɪzən ... ap]
agora	**jetzt** [jɛtst]
esta tarde	**diesen Nachmittag** ['diːzən 'naːχmɪ͵taːk]
hoje à noite	**heute Abend** ['hɔɪtə 'aːbənt]
amanhã	**morgen** ['mɔʁgən]
amanhã de manhã	**morgen früh** ['mɔʁgən fʁyː]
amanhã ao fim da tarde	**morgen Abend** ['mɔʁgən 'aːbənt]
depois de amanhã	**übermorgen** ['yːbɐ͵mɔʁgən]

Gostaria de pagar.	**Ich möchte die Zimmerrechnung begleichen.** [ɪç 'mœçtə di 'tsɪmɐ͵ʁɛçnʊŋ bə'glaɪçən]
Estava tudo maravilhoso.	**Alles war wunderbar.** ['aləs vaːɐ 'vʊndɐbaːɐ]
Onde posso apanhar um táxi?	**Wo kann ich ein Taxi bekommen?** [voː kan ɪç aɪn "taksi bə'kɔmən?]
Pode me chamar um táxi, por favor?	**Würden Sie bitte ein Taxi für mich holen?** [vʏʁdən ziː "bɪtə aɪn "taksi fyːɐ mɪç 'hoːlən?]

Restaurante

Posso ver o menu, por favor?

Könnte ich die Speisekarte sehen bitte?
['kœntə ıç di 'ʃpaızə‚kaʁtə 'ze:ən "bıtə?]

Mesa para um.

Tisch für einen.
[tıʃ fy:ɐ 'aınən]

Somos dois (três, quatro).

Wir sind zu zweit (dritt, viert).
[vi:ɐ zınt tsu tsvaıt (dʁıt, fi:ɐt)]

Para fumadores

Raucher
['ʁaʊχɐ]

Para não fumadores

Nichtraucher
['nıçt‚ʁaʊχɐ]

Por favor!

Entschuldigen Sie mich!
[ɛnt'ʃʊldıgən zi: mıç!]

menu

Speisekarte
['ʃpaızə‚kaʁtə]

lista de vinhos

Weinkarte
['vaın‚kaʁtə]

O menu, por favor.

Die Speisekarte bitte.
[di "ʃpaızə‚kaʁtə "bıtə]

Já escolheu?

Sind Sie bereit zum bestellen?
[zınt zi: bə'ʁaıt tsʊm bə'ʃtɛlən?]

O que vai tomar?

Was würden Sie gerne haben?
[vas 'vyʁdən zi: 'gɛʁnə 'ha:bən?]

Eu quero …

Ich möchte …
[ıç 'mœçtə …]

Eu sou vegetariano.

Ich bin Vegetarier /Vegetarierin/.
[ıç bın vege'ta:ʁıɐ /vege'ta:ʁıəʁın/]

carne

Fleisch
[flaıʃ]

peixe

Fisch
[fıʃ]

vegetais

Gemüse
[gə'my:zə]

Tem pratos vegetarianos?

Haben Sie vegetarisches Essen?
['ha:bən zi: vege'ta:ʁıʃəs 'ɛsən?]

Não como porco.

Ich esse kein Schweinefleisch.
[ıç 'ɛsə kaın 'ʃvaınə‚flaıʃ]

Ele /ela/ não come porco.

Er /Sie/ isst kein Fleisch.
[e:ɐ /zi/ ıst kaın flaıʃ]

Sou alérgico a …

Ich bin allergisch auf …
[ıç bın a'lɛʁgıʃ aʊf …]

Por favor, pode trazer-me ...?

Könnten Sie mir bitte ... bringen.
['kœntən zi: mi:ɐ "bɪtə ... 'bʀɪŋən]

sal | pimenta | açucar

Salz | Pfeffer | Zucker
[zalts | 'pfɛfɐ | 'tsʊkɐ]

café | chá | sobremesa

Kaffee | Tee | Nachtisch
['kafe | te: | 'na:χˌtɪʃ]

água | com gás | sem gás

Wasser | Sprudel | stilles
["vasɐ | 'ʃpʀu:dəl | 'ʃtɪləs]

uma colher | um garfo | uma faca

einen Löffel | eine Gabel | ein Messer
['aɪnən 'lœfəl | 'aɪnə 'gabəl | aɪn 'mɛsɐ]

um prato | um guardanapo

einen Teller | eine Serviette
['aɪnən 'tɛlɐ | 'aɪnə zɛʀ'vɪɛtə]

Bom apetite!

Guten Appetit!
[ˌgutən ˌʔapəˈtit!]

Mais um, por favor.

Noch einen bitte.
[nɔχ 'aɪnən "bɪtə]

Estava delicioso.

Es war sehr lecker.
[ɛs va:ɐ ze:ɐ 'lɛkɐ]

conta | troco | gorjeta

Scheck | Wechselgeld | Trinkgeld
[ʃɛk | 'vɛksəlˌgɛlt | 'tʀɪŋkˌgɛlt]

A conta, por favor.

Zahlen bitte.
['tsa:lən 'bɪtə]

Posso pagar com cartão de crédito?

Kann ich mit Karte zahlen?
[kan ɪç mɪt 'kaʁtə 'tsa:lən?]

Desculpe, mas tem um erro aqui.

Entschuldigen Sie, hier ist ein Fehler.
[ɛntˈʃʊldɪgən zi:, 'hi:ɐ ist aɪn 'fe:lɐ]

Centro Comercial

Posso ajudá-lo?	**Kann ich Ihnen behilflich sein?** [kan ɪç 'iːnən bə'hɪlflɪç zaɪn?]
Tem …?	**Haben Sie …?** ['haːbən ziː …?]
Estou à procura de …	**Ich suche …** [ɪç 'zuːχə …]
Preciso de …	**Ich brauche …** [ɪç 'bʀaʊχə …]

Estou só a ver.	**Ich möchte nur schauen.** [ɪç 'mœçtə nuːɐ 'ʃaʊən]
Estamos só a ver.	**Wir möchten nur schauen.** [viːɐ 'mœçtən nuːɐ 'ʃaʊən]
Volto mais tarde.	**Ich komme später noch einmal zurück.** [ɪç 'kɔmə 'ʃpɛːtə nɔχ 'aɪnmaːl tsu'ʀʏk]
Voltamos mais tarde.	**Wir kommen später vorbei.** [viːɐ 'kɔmən 'ʃpɛːtə foːɐ'baɪ]
descontos | saldos	**Rabatt | Ausverkauf** [ʀa'bat | "aʊsfɛɐˌkaʊf]

Mostre-me, por favor …	**Zeigen Sie mir bitte …** ['tsaɪgən ziː miːɐ 'bɪtə …]
Dê-me, por favor …	**Geben Sie mir bitte …** ['geːbən ziː miːɐ 'bɪtə …]
Posso experimentar?	**Kann ich es anprobieren?** [kan ɪç ɛs 'anpʀoˌbiːʀən?]
Desculpe, onde fica a cabine de prova?	**Entschuldigen Sie bitte, wo ist die Anprobe?** [ɛnt'ʃʊldɪgən ziː "bɪtə, voː ist di 'anpʀoːbə?]
Que cor prefere?	**Welche Farbe mögen Sie?** ['vɛlçə 'faʀbə 'møgən ziː?]
tamanho | cvomprimento	**Größe | Länge** ['gʀøːsə | 'lɛŋə]
Como lhe fica?	**Wie sitzt es?** [viː zɪtst ɛs?]

Quanto é que isto custa?	**Was kostet das?** [vas 'koːstət das?]
É muito caro.	**Das ist zu teuer.** [das is tsu 'tɔɪɐ]

Eu fico com ele.

Ich nehme es.
[ɪç 'neːmə ɛs]

Desculpe, onde fica a caixa?

**Entschuldigen Sie bitte,
wo ist die Kasse?**
[ɛntʃʊldɪgən ziː "bɪtə,
voː ist di 'kasə?]

Vai pagar a dinheiro ou com cartão de crédito?

Zahlen Sie Bar oder mit Karte?
['tsaːlən ziː baːɐ 'oːdɐ mɪt 'kaʁtə?]

A dinheiro | com cartão de crédito

in Bar | mit Karte
[ɪn baːɐ | mɪt 'kaʁtə]

Pretende fatura?

Brauchen Sie die Quittung?
['bʁaʊχən ziː di 'kvɪtʊŋ?]

Sim, por favor.

Ja, bitte.
[jaː, "bɪtə]

Não. Está bem!

Nein, es ist ok.
[naɪn, ɛs ist o'keː]

Obrigado /Obrigada/.
Tenha um bom dia!

Danke. Einen schönen Tag noch!
["daŋkə. 'aɪnən 'ʃøːnən 'tak nɔχ!]

Na cidade

Desculpe, por favor ...	**Entschuldigen Sie bitte, ...** [ɛnt'ʃʊldɪgən ziː "bɪtə, ...]
Estou à procura ...	**Ich suche ...** [ɪç 'zuːxə ...]

do metro	**die U-Bahn** [di "uːbaːn]
do meu hotel	**mein Hotel** [maɪn ho'tɛl]
do cinema	**das Kino** [das "kiːno]
da praça de táxis	**den Taxistand** [den "taksiˌʃtant]

do multibanco	**einen Geldautomat** [aɪnən "gɛlt?'aʊtoˌmaːt]
de uma casa de câmbio	**eine Wechselstube** ['aɪnə 'vɛksəlˌʃtuːbə]
de um café internet	**ein Internetcafé** [aɪn 'ɪntɛnɛt·kaˌfeː]
da rua ...	**die ... -Straße** [di ... 'ʃtʀaːsə]
deste lugar	**diesen Ort** ['diːzən ɔʀt]

Sabe dizer-me onde fica ...?	**Wissen Sie, wo ... ist?** ['vɪsən ziː, voː ... 'ist?]
Como se chama esta rua?	**Wie heißt diese Straße?** [viː haɪst 'diːzə 'ʃtʀaːsə?]
Mostre-me onde estamos de momento.	**Zeigen Sie mir wo wir gerade sind.** ['tsaɪgən ziː miːɐ voː viːɐ gə'ʀaːdə zɪnt]
Posso ir até lá a pé?	**Kann ich dort zu Fuß hingehen?** [kan ɪç dɔʀt tsu fuːs 'hɪnˌgeːən?]
Tem algum mapa da cidade?	**Haben Sie einen Stadtplan?** ['haːbən ziː 'aɪnən 'ʃtatˌplaːn?]

Quanto custa a entrada?	**Was kostet eine Eintrittskarte?** [vas 'koːstət 'aɪnə 'aɪntʀɪtsˌkaʀtə?]
Pode-se fotografar aqui?	**Darf man hier fotografieren?** [daʀf man 'hiːɐ fotogʀa'fiːʀən?]
Estão abertos?	**Haben Sie offen?** [haːbən ziː "ɔfən?]

A que horas abrem?

Wann öffnen Sie?
[van 'œfnən zi:?]

A que horas fecham?

Wann schließen Sie?
[van 'ʃliːsən zi:?]

Dinheiro

dinheiro	**Geld** [gɛlt]
a dinheiro	**Bargeld** ['baːɐ̯ˌgɛlt]
dinheiro de papel	**Papiergeld** [pa'piːɐ̯ˌgɛlt]
troco	**Kleingeld** ['klaɪnˌgɛlt]
conta | troco | gorjeta	**Scheck | Wechselgeld | Trinkgeld** [ʃɛk | 'vɛksəlˌgɛlt | 'trɪŋkˌgɛlt]
cartão de crédito	**Kreditkarte** [kʀe'diːtˌkaʁtə]
carteira	**Geldbeutel** ['gɛltˌbɔɪtəl]
comprar	**kaufen** ['kaʊfən]
pagar	**zahlen** ['tsaːlən]
multa	**Strafe** ['ʃtʀaːfə]
gratuito	**kostenlos** ['kɔstənloːs]
Onde é que posso comprar ...?	**Wo kann ich ... kaufen?** [voː kan ɪç ... "kaʊfən?]
O banco está aberto agora?	**Ist die Bank jetzt offen?** [ist di baŋk jɛtst "ɔfən?]
Quando abre?	**Wann öffnet sie?** [van 'œfnət ziː?]
Quando fecha?	**Wann schließt sie?** [van ʃliːst ziː?]
Quanto?	**Wie viel?** [viː fiːl?]
Quanto custa isto?	**Was kostet das?** [vas 'koːstət das?]
É muito caro.	**Das ist zu teuer.** [das is tsu 'tɔɪɐ]
Desculpe, onde fica a caixa?	**Entschuldigen Sie bitte, wo ist die Kasse?** [ɛnt'ʃʊldɪgən ziː "bɪtə, voː ist di "kasə?]

A conta, por favor.

Posso pagar com cartão de crédito?

Há algum Multibanco aqui?

Estou à procura de um Multibanco.

Ich möchte zahlen.
[ɪç 'mœçtə 'tsaːlən]

Kann ich mit Karte zahlen?
[kan ɪç mɪt 'kaʁtə 'tsaːlən?]

Gibt es hier einen Geldautomat?
[giːpt ɛs 'hiːɐ 'aɪnən "gɛlt?'aʊtoˌmaːt?]

Ich brauche einen Geldautomat.
[ɪç 'bʁaʊxə 'aɪnən "gɛlt?'aʊtoˌmaːt]

Estou à procura de uma
casa de câmbio.

Eu gostaria de trocar ...

Qual a taxa de câmbio?

Precisa do meu passaporte?

Ich suche eine Wechselstube.
[ɪç 'zuːxə 'aɪnə 'vɛksəlˌʃtuːbə]

Ich möchte ... wechseln.
[ɪç 'mœçtə ... 'vɛksəln]

Was ist der Wechselkurs?
[vas ɪst deːɐ 'vɛksəlˌkʊʁs]

Brauchen Sie meinen Reisepass?
['bʁaʊxən ziː 'maɪnən 'ʁaɪzəˌpas?]

Tempo

Que horas são?	**Wie spät ist es?** [vi: ʃpɛ:t ist ɛs?]
Quando?	**Wann?** [van?]
A que horas?	**Um wie viel Uhr?** [ʊm vifi:l u:ɐ?]
agora | mais tarde | depois ...	**jetzt | später | nach ...** [jɛtst | 'ʃpɛ:tɐ | na:χ ...]

uma em ponto	**ein Uhr** [aɪn u:ɐ]
uma e quinze	**Viertel zwei** ['fɪʁtəl tsvaɪ]
uma e trinta	**ein Uhr dreißig** [aɪn u:ɐ 'dʁaɪsɪç]
uma e quarenta e cinco	**Viertel vor zwei** ['fɪʁtəl fo:ɐ tsvaɪ]

um | dois | três	**eins | zwei | drei** [aɪns | tsvaɪ | dʁaɪ]
quatro | cinco | seis	**vier | fünf | sechs** [fi:ɐ | fʏnf | zɛks]
set | oito | nove	**sieben | acht | neun** ['zi:bən | aχt | nɔɪn]
dez | onze | doze	**zehn | elf | zwölf** [tse:n | ɛlf | tsvœlf]

dentro de ...	**in ...** [ɪn ...]
5 minutos	**fünf Minuten** [fʏnf mi'nu:tən]
10 minutos	**zehn Minuten** [tse:n mi'nu:tən]
15 minutos	**fünfzehn Minuten** ['fʏnftse:n mi'nu:tən]
20 minutos	**zwanzig Minuten** ['tsvantsɪç mi'nu:tən]

meia hora	**einer halben Stunde** ['aɪnɐ 'halbən 'ʃtʊndə]
uma hora	**einer Stunde** ['aɪnɐ 'ʃtʊndə]

de manhã	**am Vormittag** [am 'fo:ɐmɪta:k]
de manhã cedo	**früh am Morgen** [fʀy: am ''mɔʀɡən]
esta manhã	**diesen Morgen** ['di:zən 'mɔʀɡən]
amanhã de manhã	**morgen früh** ['mɔʀɡən fʀy:]

ao meio-dia	**am Mittag** [am 'mɪta:k]
à tarde	**am Nachmittag** [am 'na:χmɪta:k]
à noite (das 18h às 24h)	**am Abend** [am 'a:bənt]
esta noite	**heute Abend** ['hɔɪtə 'a:bənt]

à noite (da 0h às 6h)	**in der Nacht** [ɪn de:ɐ naχt]
ontem	**gestern** ['ɡɛstən]
hoje	**heute** ['hɔɪtə]
amanhã	**morgen** ['mɔʀɡən]
depois de amanhã	**übermorgen** ['y:bɐˌmɔʀɡən]

Que dia é hoje?	**Welcher Tag ist heute?** ['vɛlçɐ ta:k ist 'hɔɪtə?]
Hoje é ...	**Es ist ...** [ɛs ist ...]
segunda-feira	**Montag** ['mo:nta:k]
terça-feira	**Dienstag** ['di:nsta:k]
quarta-feira	**Mittwoch** ['mɪtvɔχ]

quinta-feira	**Donnerstag** ['dɔnɐsta:k]
sexta-feira	**Freitag** ['fʀaɪta:k]
sábado	**Samstag** ['zamsta:k]
domingo	**Sonntag** ['zɔnta:k]

Saudações. Apresentações

Olá!	**Hallo.** [ha'lo:]
Prazer em conhecê-lo /conhecê-la/.	**Freut mich, Sie kennen zu lernen.** [fʀɔɪt mɪç, zi: 'kɛnən tsu 'lɛʀnən]
O prazer é todo meu.	**Ganz meinerseits.** [gants 'maɪnɐˌzaɪts]
Apresento-lhe ...	**Darf ich vorstellen? Das ist ...** [daʀf ɪç 'fo:ɐˌʃtɛlən? das ɪs ...]
Muito prazer.	**Sehr angenehm.** [ze:ɐ 'angəˌne:m]

Como está?	**Wie geht es Ihnen?** [vi: ge:t ɛs 'i:nən?]
Chamo-me ...	**Ich heiße ...** [ɪç 'haɪsə ...]
Ele chama-se ...	**Er heißt ...** [e:ɐ haɪst ...]
Ela chama-se ...	**Sie heißt ...** [zi: haɪst ...]
Como é que o senhor /a senhora/ se chama?	**Wie heißen Sie?** [vi: 'haɪsən zi:?]
Como é que ela se chama? (m)	**Wie heißt er?** [vi: haɪst e:ɐ?]
Como é que ela se chama? (f)	**Wie heißt sie?** [vi: haɪst zi:?]

Qual o seu apelido?	**Wie ist Ihr Nachname?** [vi: ɪst iˑɐ 'na:χˌna:mə?]
Pode chamar-me ...	**Sie können mich ... nennen.** [zi: 'kœnən mɪç ... 'nɛnən]
De onde é?	**Woher kommen Sie?** [vo'heːɐ 'kɔmən zi:?]
Sou de ...	**Ich komme aus ...** [ɪç 'kɔmə 'aʊs ...]
O que faz na vida?	**Was machen Sie beruflich?** [vas 'maχən zi: bə'ʀu:flɪç?]
Quem é este?	**Wer ist das?** [ve:ɐ ist das?]
Quem é ele?	**Wer ist er?** [ve:ɐ ist e:ɐ?]
Quem é ela?	**Wer ist sie?** [ve:ɐ ist zi:?]
Quem são eles?	**Wer sind sie?** [ve:ɐ zɪnt zi:?]

Este é …	**Das ist …** [das is …]
o meu amigo	**mein Freund** [maɪn frɔɪnt]
a minha amiga	**meine Freundin** ['maɪnə 'frɔɪndin]
o meu marido	**mein Mann** [maɪn man]
a minha mulher	**meine Frau** ['maɪnə 'fraʊ]
o meu pai	**mein Vater** [maɪn 'faːtɐ]
a minha mãe	**meine Mutter** ['maɪnə 'mʊtɐ]
o meu irmão	**mein Bruder** [maɪn 'bruːdɐ]
a minha irmã	**meine Schwester** ['maɪnə 'ʃvɛstɐ]
o meu filho	**mein Sohn** [maɪn zoːn]
a minha filha	**meine Tochter** ['maɪnə 'tɔχtɐ]
Este é o nosso filho.	**Das ist unser Sohn.** [das is 'ʊnzɐ zoːn]
Este é a nossa filha.	**Das ist unsere Tochter.** [das is 'ʊnzərə 'tɔχtɐ]
Estes são os meus filhos.	**Das sind meine Kinder.** [das zɪnt 'maɪnə 'kɪndɐ]
Estes são os nossos filhos.	**Das sind unsere Kinder.** [das zɪnt 'ʊnzərə 'kɪndɐ]

Despedidas

Adeus!	**Auf Wiedersehen!** [aʊf 'viːdəˌzeːən!]
Tchau!	**Tschüs!** [ʧyːs!]
Até amanhã.	**Bis morgen.** [bɪs 'mɔʁgən]
Até breve.	**Bis bald.** [bɪs balt]
Até às sete.	**Bis um sieben.** [bɪs ʊm ziːbən]
Diverte-te!	**Viel Spaß!** [fiːl ʃpaːs!]
Falamos mais tarde.	**Wir sprechen später.** [viːɐ 'ʃpʁɛçən 'ʃpɛːtə]
Bom fim de semana.	**Ich wünsche Ihnen ein schönes Wochenende.** [ɪç 'vʏnʃə 'iːnən aɪn 'ʃøːnəs 'vɔχənˌʔɛndə]
Boa noite.	**Gute Nacht.** ['guːtə naχt]
Está na hora.	**Es ist Zeit, dass ich gehe.** [ɛs ist tsaɪt, das ɪç 'geːə]
Preciso de ir embora.	**Ich muss gehen.** [ɪç mʊs 'geːən]
Volto já.	**Ich bin gleich wieder da.** [ɪç bɪn glaɪç 'viːdə da]
Já é tarde.	**Es ist schon spät.** [ɛs ist ʃoːn ʃpɛːt]
Tenho de me levantar cedo.	**Ich muss früh aufstehen.** [ɪç mʊs fʁy: 'aʊfˌʃteːən]
Vou-me embora amanhã.	**Ich reise morgen ab.** [ɪç 'ʁaɪzə "mɔʁgən ap]
Vamos embora amanhã.	**Wir reisen morgen ab.** [viːɐ 'ʁaɪzən "mɔʁgən ap]
Boa viagem!	**Ich wünsche Ihnen eine gute Reise!** [ɪç 'vʏnʃə 'iːnən 'aɪnə 'guːtə 'ʁaɪzə!]
Tive muito prazer em conhecer-vos.	**Hat mich gefreut, Sie kennen zu lernen.** [hat mɪç gə'fʁɔɪt, ziː 'kɛnən tsu 'lɛʁnən]

Foi muito agradável falar consigo.	**Hat mich gefreut mit Ihnen zu sprechen.** [hat mɪç gə'fʀɔɪt mɪt 'iːnən tsu 'ʃpʀɛçən]
Obrigado /Obrigada/ por tudo.	**Danke für alles.** ['daŋkə fyːɐ 'aləs]

Passei um tempo muito agradável.	**Ich hatte eine sehr gute Zeit.** [ɪç hatə 'aɪnə zeːɐ 'guːtə tsaɪt]
Passámos um tempo muito agradável.	**Wir hatten eine sehr gute Zeit.** [viːɐ 'hatən 'aɪnə zeːɐ 'guːtə tsaɪt]
Foi mesmo fantástico.	**Es war wirklich toll.** [ɛs vaːɐ 'vɪʁklɪç tɔl]
Vou ter saudades suas.	**Ich werde Sie vermissen.** [ɪç 'veːɐdə ziː fɛɐ'mɪsən]
Vamos ter saudades suas.	**Wir werden Sie vermissen.** [viːɐ 'veːɐdən ziː fɛɐ'mɪsən]

Boa sorte!	**Viel Glück!** [fiːl glʏk!]
Dê cumprimentos a …	**Grüßen Sie …** ['gʀyːsən ziː …]

Língua estrangeira

Eu não entendo.	**Ich verstehe nicht.** [ɪç fɛɐ'ʃteːə nɪçt]
Escreva isso, por favor.	**Schreiben Sie es bitte auf.** ['ʃʀaɪbən ziː ɛs 'bɪtə aʊf]
O senhor fala ...?	**Sprechen Sie ...?** ['ʃpʀɛçən ziː ...?]

Eu falo um pouco de ...	**Ich spreche ein bisschen ...** [ɪç 'ʃpʀɛçə aɪn 'bɪsçən ...]
Inglês	**Englisch** ['ɛŋlɪʃ]
Turco	**Türkisch** ['tʏʀkɪʃ]
Árabe	**Arabisch** [a'ʀaːbɪʃ]
Francês	**Französisch** [fʀan'tsøːzɪʃ]

Alemão	**Deutsch** [dɔɪtʃ]
Italiano	**Italienisch** [ˌita'lɪeːnɪʃ]
Espanhol	**Spanisch** ['ʃpaːnɪʃ]
Português	**Portugiesisch** [poʀtu'giːzɪʃ]
Chinês	**Chinesisch** [çi'neːzɪʃ]
Japonês	**Japanisch** [ja'paːnɪʃ]

Pode repetir isso, por favor.	**Können Sie das bitte wiederholen.** ['kœnən ziː das 'bɪtə viːdɐ'hoːlən]
Compreendo.	**Ich verstehe.** [ɪç fɛɐ'ʃteːə]
Eu não entendo.	**Ich verstehe nicht.** [ɪç fɛɐ'ʃteːə nɪçt]
Por favor fale mais devagar.	**Sprechen Sie etwas langsamer.** ['ʃpʀɛçən ziː 'ɛtvas 'laŋˌzaːmɐ]

Isso está certo?	**Ist das richtig?** [ist das 'ʀɪçtɪç?]
O que é isto? (O que significa?)	**Was ist das?** [vas ɪst das?]

Desculpas

Desculpe-me, por favor.	**Entschuldigen Sie bitte.** [ɛnt'ʃʊldɪgən zi: "bɪtə]
Lamento.	**Es tut mir leid.** [ɛs tu:t mi:ɐ laɪt]
Tenho muita pena.	**Es tut mir sehr leid.** [ɛs tu:t mi:ɐ ze:ɐ laɪt]
Desculpe, a culpa é minha.	**Es tut mir leid, das ist meine Schuld.** [ɛs tu:t mi:ɐ laɪt, das ist 'maɪnə ʃʊlt]
O erro foi meu.	**Das ist mein Fehler.** [das is maɪn 'fe:lɐ]

Posso …?	**Darf ich …?** [daʁf ɪç …?]
O senhor /a senhora/ não se importa se eu …?	**Haben Sie etwas dagegen, wenn ich …?** [ha:bən zi: 'ɛtvas da'ge:gən, vɛn ɪç …?]
Não faz mal.	**Es ist okay.** [ɛs ist o'ke:]
Está tudo em ordem.	**Alles in Ordnung.** ['aləs ɪn 'ɔʁdnʊŋ]
Não se preocupe.	**Machen Sie sich keine Sorgen.** ['"maχən zi: zɪç 'kaɪnə 'zɔʁgən]

Acordo

Sim.	**Ja.** [ja:]
Sim, claro.	**Ja, natürlich.** [ja:, na'ty:elɪç]
Está bem!	**Ok! Gut!** [o'ke:! gu:t!]
Muito bem.	**Sehr gut.** [ze:ɐ gu:t]
Claro!	**Natürlich!** [na'ty:elɪç!]
Concordo.	**Genau.** [ge'naʊ]

Certo.	**Das stimmt.** [das ʃtɪmt]
Correto.	**Das ist richtig.** [das is 'ʀɪçtɪç]
Tem razão.	**Sie haben Recht.** [zi: 'ha:bən ʀɛçt]
Eu não me oponho.	**Ich habe nichts dagegen.** [ɪç 'ha:bə nɪçts da'ge:gən]
Absolutamente certo.	**Völlig richtig.** ['fœlɪç 'ʀɪçtɪç]

É possível.	**Das kann sein.** [das kan zaɪn]
É uma boa ideia.	**Das ist eine gute Idee.** [das is 'aɪnə 'gu:tə i'do:]
Não posso recusar.	**Ich kann es nicht ablehnen.** [ɪç kan ɛs nɪçt 'ap‚le:nən]
Terei muito gosto.	**Ich würde mich freuen.** [ɪç 'vʏʁdə mɪç 'fʀɔɪən]
Com prazer.	**Gerne.** ['gɛʁnə]

Recusa. Expressão de dúvida

Não.	**Nein.** [naɪn]
Claro que não.	**Natürlich nicht.** [na'ty:ɐlɪç nɪçt]
Não concordo.	**Ich stimme nicht zu.** [ɪç 'ʃtɪmə nɪçt tsu]
Não creio.	**Das glaube ich nicht.** [das 'glaʊbə ɪç nɪçt]
Isso não é verdade.	**Das ist falsch.** [das is falʃ]
O senhor não tem razão.	**Sie liegen falsch.** [zi: 'li:gən falʃ]
Acho que o senhor /a senhora/ não tem razão.	**Ich glaube, Sie haben Unrecht.** [ɪç 'glaʊbə, zi: 'ha:bən 'ʊnˌʁɛçt]
Não tenho a certeza.	**Ich bin nicht sicher.** [ɪç bɪn nɪçt 'zɪçɐ]
É impossível.	**Das ist unmöglich.** [das is 'ʊnmø:klɪç]
De modo algum!	**Nichts dergleichen!** [nɪçts deːɐ'glaɪçən!]
Exatamente o contrário.	**Im Gegenteil!** [ɪm 'ge:gəntaɪl!]
Sou contra.	**Ich bin dagegen.** [ɪç bɪn da'ge:gən]
Não me importo.	**Es ist mir egal.** [ɛs ist mi:ɐ e'ga:l]
Não faço ideia.	**Keine Ahnung.** ['kaɪno 'a:nʊŋ]
Não creio.	**Ich bezweifle, dass es so ist.** [ɪç bə'tsvaɪflə, das ɛs zo: ist]
Desculpe, mas não posso.	**Es tut mir leid, ich kann nicht.** [ɛs tu:t mi:ɐ laɪt, ɪç kan nɪçt]
Desculpe, mas não quero.	**Es tut mir leid, ich möchte nicht.** [ɛs tu:t mi:ɐ laɪt, ɪç 'mœçtə nɪçt]
Desculpe, não quero isso.	**Danke, das brauche ich nicht.** ['daŋkə, das 'bʁaʊxə ɪç nɪçt]
Já é muito tarde.	**Es ist schon spät.** [ɛs ist ʃo:n ʃpɛ:t]

Tenho de me levantar cedo.

Ich muss früh aufstehen.
[ɪç mʊs fʀy: 'aʊfʃte:ən]

Não me sinto bem.

Mir geht es schlecht.
[mi:ɐ ge:t ɛs ʃlɛçt]

Expressão de gratidão

Obrigado /Obrigada/.	**Danke.** ['daŋkə]
Muito obrigado /obrigada/.	**Dankeschön.** ['daŋkəʃøːn]
Fico muito grato.	**Ich bin Ihnen sehr verbunden.** [ɪç bɪn 'iːnən zeːɐ ˌfɛɐ'bʊndən]
Estou-lhe muito reconhecido.	**Ich bin Ihnen sehr dankbar.** [ɪç bɪn 'iːnən zeːɐ 'daŋkbaːɐ]
Estamos-lhe muito reconhecidos.	**Wir sind Ihnen sehr dankbar.** [viːɐ zɪnt 'iːnən zeːɐ 'daŋkbaːɐ]
Obrigado pelo seu tempo.	**Danke, dass Sie Ihre Zeit geopfert haben.** ['daŋkə, das ziː 'iːʁə tsaɪt gə'ʔɔpfet 'haːbən]
Obrigado /Obrigada/ por tudo.	**Danke für alles.** ['daŋkə fyːɐ 'aləs]
Obrigado /Obrigada/ …	**Danke für …** ['daŋkə fyːɐ …]
… pela sua ajuda	**Ihre Hilfe** ['iːʁə 'hɪlfə]
… por este tempo bem passado	**die schöne Zeit** [di 'ʃøːnə tsaɪt]
… pela comida deliciosa	**das wunderbare Essen** [das 'vʊndɐbaːʁə 'ɛsən]
… por esta noite agradável	**den angenehmen Abend** [den 'angəˌneːmən 'aːbənt]
… pelo dia maravilhoso	**den wunderschönen Tag** [dɛn ˌvʊndɐ'ʃøːnən taːk]
… pela jornada fantástica	**die interessante Führung** [di ɪntəʁɛ'santə 'fyːʁʊŋ]
Não tem de quê.	**Keine Ursache.** ['kaɪnə 'uːɐˌzaxə]
Não precisa agradecer.	**Nichts zu danken.** [nɪçts tsu "daŋkən]
Disponha sempre.	**Immer gerne.** ['ɪmɐ 'gɛʁnə]
Foi um prazer ajudar.	**Es freut mich, geholfen zu haben.** [ɛs fʁɔɪt mɪç, gə'hɔlfən tsu 'haːbən]

Esqueça isso.

Vergessen Sie es.
[fɛɐ'gɛsən zi: ɛs]

Não se preocupe.

Machen Sie sich keine Sorgen.
['ˈmaχən zi: zɪç 'kaɪnə 'zɔʁgən]

Parabéns. Cumprimentos

Parabéns!
Glückwunsch!
['glʏkˌvʊnʃ!]

Feliz aniversário!
Alles gute zum Geburtstag!
['aləs 'gu:tə tsʊm gə'bʊʁtsˌta:k!]

Feliz Natal!
Frohe Weihnachten!
[ˌfʀo:ə 'vaɪnaχtən!]

Feliz Ano Novo!
Frohes neues Jahr!
[ˌfʀo:əs 'nɔɪəs ja:ɐ!]

Feliz Páscoa!
Frohe Ostern!
[ˌfʀo:ə 'o:stɐn!]

Feliz Hanukkah!
Frohes Hanukkah!
[ˌfʀo:əs 'ha:nuka:!]

Gostaria de fazer um brinde.
Ich möchte einen Toast ausbringen.
[ɪç 'mœçtə 'aɪnən to:st 'aʊsˌbʀɪŋən]

Saúde!
Auf Ihr Wohl!
[aʊf i:ɐ vo:l!]

Bebamos a ...!
Trinken wir auf ...!
['tʀɪŋkən vi:ɐ 'aʊf ...!]

Ao nosso sucesso!
Auf unseren Erfolg!
[aʊf 'ʊnzəʀən ɛɐ'fɔlk!]

Ao vosso sucesso!
Auf Ihren Erfolg!
[aʊf 'i:ʀən ɛɐ'fɔlk!]

Boa sorte!
Viel Glück!
[fi:l glʏk!]

Tenha um bom dia!
Einen schönen Tag noch!
['aɪnən 'ʃø:nən ta:k nɔχ!]

Tenha um bom feriado!
Haben Sie einen guten Urlaub!
[ha:bən zi: 'aɪnən 'gu:tən 'u:ɐˌlaʊp!]

Tenha uma viagem segura!
Haben Sie eine sichere Reise!
['ha:bən zi: 'aɪnə 'zɪçəʀə 'ʀaɪzə!]

Espero que melhore em breve!
Ich hoffe es geht Ihnen bald besser!
[ɪç 'hɔfə ɛs ge:t 'i:nən balt 'bɛsɐ!]

Socializando

Porque é que está chateado?	**Warum sind Sie traurig?** [va'ʀʊm zɪnt zi: 'tʀaʊʀɪç?]
Sorria!	**Lächeln Sie!** ['lɛçəln zi:!]
Está livre esta noite?	**Sind Sie heute Abend frei?** [zɪnt zi: "hɔɪtə 'a:bənt fʀaɪ?]

Posso oferecer-lhe algo para beber?	**Darf ich ihnen was zum Trinken anbieten?** [daʁf ɪç 'i:nən vas tsʊm 'tʀɪŋkən 'an‚bi:tən?]
Você quer dançar?	**Möchten Sie tanzen?** ['mœçtən zi: 'tantsən?]
Vamos ao cinema.	**Gehen wir ins Kino.** ['ge:ən vi:ɐ ɪns 'ki:no]

Gostaria de a convidar para ir ...	**Darf ich Sie ins ... einladen?** [daʁf ɪç zi: ɪns ... 'aɪn‚la:dən?]
ao restaurante	**Restaurant** [ʀɛsto'ʀaŋ]
ao cinema	**Kino** ['ki:no]
ao teatro	**Theater** [te'a:tɐ]
passear	**auf einen Spaziergang** [aʊf 'aɪnən ʃpa'tsi:ɐ‚gaŋ]

A que horas?	**Um wie viel Uhr?** [ʊm vifi:l u:ɐ?]
hoje à noite	**heute Abend** ['hɔɪtə 'a:bənt]
às 6 horas	**um sechs Uhr** [ʊm zɛks u:ɐ]
às 7 horas	**um sieben Uhr** [ʊm 'zi:bən u:ɐ]
às 8 horas	**um acht Uhr** [ʊm aχt u:ɐ]
às 9 horas	**um neun Uhr** [ʊm 'nɔɪn u:ɐ]

Gosta deste local?	**Gefällt es Ihnen hier?** [gə'fɛlt ɛs 'i:nən 'hi:ɐ?]
Está com alguém?	**Sind Sie hier mit jemandem?** [zɪnt zi: 'hi:ɐ mɪt 'je:mandəm?]

Estou com o meu amigo /amiga/.

Ich bin mit meinem Freund.
[ɪç bɪn mɪt 'maɪnəm fʀɔɪnt]

Estou com os meus amigos.

Ich bin mit meinen Freunden.
[ɪç bɪn mɪt 'maɪnəm 'fʀɔɪndən]

Não, estou sozinho /sozinha/.

Nein, ich bin alleine.
[naɪn, ɪç bɪn a'laɪnə]

Tens namorado?

Hast du einen Freund?
[hast du 'aɪnən fʀɔɪnt?]

Tenho namorado.

Ich habe einen Freund.
[ɪç 'ha:bə 'aɪnən fʀɔɪnt]

Tens namorada?

Hast du eine Freundin?
[hast du 'aɪnə 'fʀɔɪndɪn?]

Tenho namorada.

Ich habe eine Freundin.
[ɪç 'ha:bə 'aɪnə 'fʀɔɪndɪn]

Posso voltar a vêr-te?

Kann ich dich nochmals sehen?
[kan ɪç dɪç 'nɔχma:ls 'ze:ən?]

Posso ligar-te?

Kann ich dich anrufen?
[kan ɪç dɪç 'an‚ʀu:fən?]

Liga-me.

Ruf mich an.
[ʀu:f mɪç an]

Qual é o teu número?

Was ist deine Nummer?
[vas ɪst 'daɪnə "nʊmɐ?]

Tenho saudades tuas.

Ich vermisse dich.
[ɪç fɛɐ'mɪsə dɪç]

Tem um nome muito bonito.

Sie haben einen schönen Namen.
[zi: 'ha:bən 'aɪnən 'ʃø:nən 'na:mən]

Amo-te.

Ich liebe dich.
[ɪç 'libə dɪç]

Quer casar comigo?

Willst du mich heiraten?
[vɪlst du mɪç 'haɪʀa:tən?]

Você está a brincar!

Sie machen Scherze!
[zi: 'maχən 'ʃɛʀtsə!]

Estou só a brincar.

Ich habe nur gescherzt.
[ɪç 'ha:bə nu:ɐ gə'ʃɛʀtst]

Está a falar a sério?

Ist das Ihr Ernst?
[ist das i:ɐ ɛʀnst?]

Estou a falar a sério.

Das ist mein Ernst.
[das is maɪn ɛʀnst]

De verdade?!

Echt?!
[ɛçt?!]

Incrível!

Das ist unglaublich!
[das is ʊn'glaʊplɪç!]

Não acredito.

Ich glaube Ihnen nicht.
[ɪç 'glaʊbə 'i:nən nɪçt]

Não posso.

Ich kann nicht.
[ɪç kan nɪçt]

Não sei.

Ich weiß nicht.
[ɪç vaɪs nɪçt]

Não entendo o que está a dizer.	**Ich verstehe Sie nicht.** [ɪç fɛɐ'ʃteːə ziː nɪçt]
Saia, por favor.	**Bitte gehen Sie weg.** ["bɪtə 'geːən ziː vɛk]
Deixe-me em paz!	**Lassen Sie mich in Ruhe!** ['lasən ziː mɪç ɪn 'ʁuːə!]

Eu não o suporto.	**Ich kann ihn nicht ausstehen.** [ɪç kan iːn nɪçt 'ausˌʃteːən]
Você é detestável!	**Sie sind widerlich!** [ziː zɪnt 'viːdɐlɪç!]
Vou chamar a polícia!	**Ich rufe die Polizei an!** [ɪç 'ʁuːfə diː ˌpoli'tsaɪ an!]

Partilha de impressões. Emoções

Gosto disto.

Das gefällt mir.
[das gə'fɛlt miːɐ]

É muito simpático.

Sehr nett.
[zeːɐ nɛt]

Fixe!

Das ist toll!
[das is tɔl!]

Não é mau.

Das ist nicht schlecht.
[das is nɪçt ʃlɛçt]

Não gosto disto.

Das gefällt mir nicht.
[das gə'fɛlt miːɐ nɪçt]

Isso não está certo.

Das ist nicht gut.
[das is nɪçt guːt]

Isso é mau.

Das ist schlecht.
[das is ʃlɛçt]

Isso é muito mau.

Das ist sehr schlecht.
[das is zeːɐ ʃlɛçt]

Isso é asqueroso.

Das ist widerlich.
[das is 'viːdɐlɪç]

Estou feliz.

Ich bin glücklich.
[ɪç bɪn 'glʏklɪç]

Estou contente.

Ich bin zufrieden.
[ɪç bɪn tsu'friːdən]

Estou apaixonado /apaixonada/.

Ich bin verliebt.
[ɪç bɪn fɛɐ'liːpt]

Estou calmo.

Ich bin ruhig.
[ɪç bɪn 'ruːɪç]

Estou aborrecido.

Ich bin gelangweilt.
[ɪç bɪn gə'laŋˌvaɪlt]

Estou cansado /cansada/.

Ich bin müde.
[ɪç bɪn 'myːdə]

Estou triste.

Ich bin traurig.
[ɪç bɪn 'traʊʀɪç]

Estou apavorado.

Ich habe Angst.
[ɪç 'haːbə aŋst]

Estou zangado /zangada/.

Ich bin wütend.
[ɪç bɪn 'vyːtənt]

Estou preocupado /preocupada/.

Ich mache mir Sorgen.
[ɪç 'maxə miːɐ 'zɔʀgən]

Estou nervoso /nervosa/.

Ich bin nervös.
[ɪç bɪn nɛʀ'vøːs]

Estou ciumento /ciumenta/.

Ich bin eifersüchtig.
[ɪç bɪn 'aɪfɐˌzʏçtɪç]

Estou surpreendido /surpreendida/.

Ich bin überrascht.
[ɪç bɪn y:bɐ'ʀaʃt]

Estou perplexo /perplexa/.

Es ist mir peinlich.
[ɛs ist mi:ɐ 'paɪnˌlɪç]

Problemas. Acidentes

Tenho um problema.
Ich habe ein Problem.
[ɪç 'ha:bə aɪn pʀo'ble:m]

Temos um problema.
Wir haben Probleme.
[vi:ɐ 'ha:bən pʀo'ble:mə]

Estou perdido /perdida/.
Ich bin verloren.
[ɪç bɪn fɛɐ'lo:ʀən]

Perdi o último autocarro.
Ich habe den letzten Bus (Zug) verpasst.
[ɪç 'ha:bə den 'lɛtstən bʊs (tsu:k) fɛɐ'past]

Não me resta nenhum dinheiro.
Ich habe kein Geld mehr.
[ɪç 'ha:bə kaɪn gɛlt me:ɐ]

Eu perdi ...
Ich habe mein ... verloren.
[ɪç 'ha:bə maɪn ... fɛɐ'lo:ʀən]

Roubaram-me ...
Jemand hat mein ... gestohlen.
['je:mant hat maɪn ... gə'ʃto:lən]

o meu passaporte
Reisepass
['ʀaɪzə,pas]

a minha carteira
Geldbeutel
['gɛlt,bɔɪtəl]

os meus papéis
Papiere
[pa'pi:ʀə]

o meu bilhete
Fahrkarte
['fa:ɐ,kaʀtə]

o dinheiro
Geld
[gɛlt]

a minha mala
Tasche
['taʃə]

a minha camara
Kamera
['kamɐʀa]

o meu computador
Laptop
['lɛptɔp]

o meu tablet
Tabletcomputer
['tɛblət·kɔm,pju:tɐ]

o meu telemóvel
Handy
['hɛndi]

Ajude-me!
Hilfe!
['hɪlfə!]

O que é que aconteceu?
Was ist passiert?
[vas ɪst pa'si:ɐt?]

fogo
Feuer
['fɔɪɐ]

tiroteio	**Schießerei** [ʃiːsəˈʁaɪ]
assassínio	**Mord** [mɔʁt]
explosão	**Explosion** [ɛksploˈzjoːn]
briga	**Schlägerei** [ʃlɛːgəˈʁaɪ]

Chame a polícia!	**Rufen Sie die Polizei!** [ˈʁuːfən ziː di ˌpoliˈtsaɪ!]
Mais depressa, por favor!	**Schneller bitte!** [ˈʃnɛlɐ "bɪtə!]
Estou à procura de uma esquadra de polícia.	**Ich suche nach einer Polizeistation.** [ɪç ˈzuːχə naːχ ˈaɪnə poliˈtsaɪʃtaˌtsjoːn]
Preciso de telefonar.	**Ich muss einen Anruf tätigen.** [ɪç mʊs ˈaɪnən ˈanˌʁuːf ˈtɛːtɪgən]
Posso telefonar?	**Kann ich Ihr Telefon benutzen?** [kan ɪç iːɐ teleˈfoːn bəˈnʊtsən?]

Fui …	**Ich wurde …** [ɪç ˈvʊʁdə …]
assaltado /assaltada/	**ausgeraubt** [ˈaʊsgəˌʁaʊpt]
roubado /roubada/	**überfallen** [ˌyːbɐˈfalən]
violada	**vergewaltigt** [fɛɐgəˈvaltɪçt]
atacado /atacada/	**angegriffen** [ˈangəˌgʁɪfən]

Está tudo bem consigo?	**Ist bei Ihnen alles in Ordnung?** [ist baɪ ˈiːnən "aləs ɪn ˈɔʁdnʊŋ?]
Viu quem foi?	**Haben Sie gesehen wer es war?** [haːbən ziː geˈzeːən veːɐ ɛs vaːɐ?]
Seria capaz de reconhecer a pessoa?	**Sind Sie in der Lage die Person wiederzuerkennen?** [zɪnt ziː ɪn deːɐ laːgə di pɛʁˈzoːn ˈviːdetsuʔɛɐˌkɛnən?]
Tem a certeza?	**Sind sie sicher?** [zɪnt ziː ˈzɪçɐ?]

Acalme-se, por favor.	**Beruhigen Sie sich bitte!** [bəˈʁuːɪgən ziː zɪç "bɪtə!]
Calma!	**Ruhig!** [ˈʁuːɪç!]
Não se preocupe.	**Machen Sie sich keine Sorgen.** [ˈmaχən ziː zɪç ˈkaɪnə ˈzɔʁgən]
Vai ficar tudo bem.	**Alles wird gut.** [ˈaləs vɪʁt guːt]
Está tudo em ordem.	**Alles ist in Ordnung.** [ˈaləs ist ɪn ˈɔʁdnʊŋ]

Chegue aqui, por favor.	**Kommen Sie bitte her.** ['kɔmən zi: 'bɪtə he:ɐ]
Tenho algumas questões a colocar-lhe.	**Ich habe einige Fragen für Sie.** [ɪç 'ha:bə 'aɪnɪgə 'fʀa:gən fy:ɐ zi:]
Aguarde um momento, por favor.	**Warten Sie einen Moment bitte.** ['vaʁtən 'aɪnən mɔ'mɛnt "bɪtə]
Tem alguma identificação?	**Haben Sie einen Ausweis?** ['ha:bən zi: 'aɪnən 'aʊsˌvaɪs?]
Obrigado. Pode ir.	**Danke. Sie können nun gehen.** ["daŋkə. zi: 'kœnən nu:n 'ge:ən]
Mãos atrás da cabeça!	**Hände hinter dem Kopf!** ['hɛndə 'hɪntɐ dem kɔpf!]
Você está preso!	**Sie sind verhaftet!** [zi: zɪnt fɛɐ'haftət!]

Problemas de saúde

Ajude-me, por favor.	**Helfen Sie mir bitte.** ['hɛlfən ziː miːɐ 'bɪtə]
Não me sinto bem.	**Mir ist schlecht.** [miːɐ ɪs ʃlɛçt]
O meu marido não se sente bem.	**Meinem Ehemann ist schlecht.** ['maɪnəm 'eːəman ist ʃlɛçt]
O meu filho ...	**Mein Sohn ...** [maɪn zoːn ...]
O meu pai ...	**Mein Vater ...** [maɪn 'faːtə ...]

A minha mulher não se sente bem.	**Meine Frau fühlt sich nicht gut.** ['maɪnə 'fʀaʊ fyːlt zɪç nɪçt guːt]
A minha filha ...	**Meine Tochter ...** ['maɪnə 'tɔχtə ...]
A minha mãe ...	**Meine Mutter ...** ['maɪnə 'mʊtə ...]

Tenho uma ...	**Ich habe ... schmerzen.** [ɪç 'haːbə ... 'ʃmɛʁtsən]
dor de cabeça	**Kopf-** [kɔpf]
dor de garganta	**Hals-** [hals]
dor de barriga	**Bauch-** ['baʊχ]
dor de dentes	**Zahn-** [tsaːn]

Estou com tonturas.	**Mir ist schwindelig.** [miːɐ ɪs 'ʃvɪndəlɪç]
Ele está com febre.	**Er hat Fieber.** [eːɐ hat "fiːbə]
Ela está com febre.	**Sie hat Fieber.** [ziː hat "fiːbə]
Não consigo respirar.	**Ich kann nicht atmen.** [ɪç kan nɪçt 'aːtmən]

Estou a sufocar.	**Ich kriege keine Luft.** [ɪç 'kʀiːgə 'kaɪnə lʊft]
Sou asmático.	**Ich bin Asthmatiker.** [ɪç bɪn ast'maːtikə]
Sou diabético /diabética/.	**Ich bin Diabetiker /Diabetikerin/** [ɪç bɪn dia'beːtikə /dia'beːtikəʀɪn/]

Estou com insónia.

Ich habe Schlaflosigkeit.
[ɪç 'ha:bə 'ʃla:flo:zɪçkaɪt]

intoxicação alimentar

Lebensmittelvergiftung
['le:bəns‚mɪtəl·fɛɐ‚gɪftʊŋ]

Dói aqui.

Es tut hier weh.
[ɛs tʊt 'hi:ɐ ve:]

Ajude-me!

Hilfe!
['hɪlfə!]

Estou aqui!

Ich bin hier!
[ɪç bɪn 'hi:ɐ!]

Estamos aqui!

Wir sind hier!
[vi:ɐ zɪnt 'hi:ɐ!]

Tirem-me daqui!

Bringen Sie mich hier raus!
['bʀɪŋən zi: mɪç hi:ɐ 'ʀaʊs!]

Preciso de um médico.

Ich brauche einen Arzt.
[ɪç 'bʀaʊχə 'aɪnən aʁtst]

Não me consigo mexer.

Ich kann mich nicht bewegen.
[ɪç kan mɪç nɪçt bə've:gən]

Não consigo mover as pernas.

Ich kann meine Beine nicht bewegen.
[ɪç kan 'maɪnə 'baɪnə nɪçt bə've:gən]

Estou ferido.

Ich habe eine Wunde.
[ɪç 'ha:bə 'aɪnə 'vʊndə]

É grave?

Ist es ernst?
[ist ɛs ɛʁnst?]

Tenho os documentos no bolso.

Meine Dokumente sind in meiner Hosentasche.
['maɪnə doku'mɛntə zɪnt ɪn 'maɪnə 'ho:zən‚taʃə]

Acalme-se!

Beruhigen Sie sich!
[bə'ʀu:ɪgən zi: zɪç!]

Posso telefonar?

Kann ich Ihr Telefon benutzen?
[kan ɪç i:ɐ tele'fo:n bə'nʊtsən?]

Chame uma ambulância!

Rufen Sie einen Krankenwagen!
['ʀu:fən zi: 'aɪnən 'kʀaŋkən‚va:gən!]

É urgente!

Es ist dringend!
[ɛs ist 'dʀɪŋənt!]

É uma emergência!

Es ist ein Notfall!
[ɛs ist aɪn 'no:t‚fal!]

Mais depressa, por favor!

Schneller bitte!
['ʃnɛlɐ "bɪtə!]

Chame o médico, por favor.

Können Sie bitte einen Arzt rufen?
['kœnən zi: "bɪtə 'aɪnən aʁtst 'ʀu:fən?]

Onde fica o hospital?

Wo ist das Krankenhaus?
[vo: ist das "kʀaŋkən‚haʊs?]

Como se sente?

Wie fühlen Sie sich?
[vi: 'fy:lən zi: zɪç?]

Está tudo bem consigo?

Ist bei Ihnen alles in Ordnung?
[ist baɪ 'i:nən "aləs ɪn 'ɔʁdnʊŋ?]

O que é que aconteceu?

Was ist passiert?
[vas ɪst pa'si:ɐt?]

Já me sinto melhor.

Mir geht es schon besser.
[mi:ɐ ge:t ɛs ʃo:n 'bɛsɐ]

Está tudo em ordem.

Es ist in Ordnung.
[ɛs ist ɪn 'ɔʁdnʊŋ]

Tubo bem.

Alles ist in Ordnung.
['aləs ist ɪn 'ɔʁdnʊŋ]

Na farmácia

farmácia	**Apotheke** [apo'te:kə]
farmácia de serviço	**24 Stunden Apotheke** [fi:ɐ·ʊn·'tsvantsɪç 'ʃtʊndən apo'te:kə]
Onde fica a farmácia mais próxima?	**Wo ist die nächste Apotheke?** [vo: ist di 'nɛ:çstə apo'te:kə?]
Está aberto agora?	**Ist sie jetzt offen?** [ist zi: jɛtst "ɔfən?]
A que horas abre?	**Um wie viel Uhr öffnet sie?** [ʊm vifi:l u:ɐ 'œfnət zi:?]
A que horas fecha?	**Um wie viel Uhr schließt sie?** [ʊm vifi:l u:ɐ ʃli:st zi:?]
Fica longe?	**Ist es weit?** [ist ɛs vaɪt?]
Posso ir até lá a pé?	**Kann ich dort zu Fuß hingehen?** [kan ɪç dɔʁt tsu fu:s 'hɪnˌge:ən?]
Pode-me mostrar no mapa?	**Können Sie es mir auf der Karte zeigen?** ['kœnən zi: ɛs mi:ɐ aʊf de:ɐ 'kaʁtə 'tsaɪgən?]
Por favor dê-me algo para …	**Bitte geben sie mir etwas gegen …** ["bɪtə ge:bn zi: mi:ɐ 'ɛtvas 'ge:gən …]
as dores de cabeça	**Kopfschmerzen** ['kɔpfʃmɛʁtsən]
a tosse	**Husten** ['hu:stən]
o resfriado	**eine Erkältung** ['aɪnə ɛɐ'kɛltʊn]
a gripe	**die Grippe** [di 'gʁɪpə]
a febre	**Fieber** ['fi:bɐ]
uma dor de estômago	**Magenschmerzen** ['ma:gənʃmɛʁtsən]
as náuseas	**Übelkeit** ['y:bəlkaɪt]
a diarreia	**Durchfall** ['dʊʁçˌfal]
a constipação	**Verstopfung** [fɛɐ'ʃtɔpfʊn]

as dores nas costas	**Rückenschmerzen** ['ʀʏkən.ʃmɛʀtsən]
as dores no peito	**Brustschmerzen** ['bʀʊst.ʃmɛʀtsən]
a sutura	**Seitenstechen** ['zaɪtən.ʃtɛçən]
as dores abdominais	**Bauchschmerzen** ["baʊχ.ʃmɛʀtsən]
comprimido	**Pille** ['pɪlə]
unguento, creme	**Salbe, Creme** ['zalbə, kʀɛ:m]
charope	**Sirup** ['zi:ʀʊp]
spray	**Spray** [ʃpʀɛ:]
dropes	**Tropfen** ['tʀɔpfən]
Você precisa de ir ao hospital.	**Sie müssen ins Krankenhaus gehen.** [zi: 'mʏsən ɪns "kʀaŋkən.haʊs 'ge:ən]
seguro de saúde	**Krankenversicherung** ['kʀaŋkən·fɛɐ.zɪçəʀʊŋ]
prescrição	**Rezept** [ʀe'tsɛpt]
repelente de insetos	**Insektenschutzmittel** [ɪn'zɛktən·'ʃʊts.mɪtəl]
penso rápido	**Pflaster** ['pflaste]

O mínimo

Desculpe, ...	**Entschuldigen Sie bitte, ...** [ɛnt'ʃʊldɪgən zi: "bɪtə, ...]
Olá!	**Hallo.** [ha'lo:]
Obrigado /Obrigada/.	**Danke.** ['daŋkə]
Adeus.	**Auf Wiedersehen.** [aʊf 'vi:dɐˌze:ən]
Sim.	**Ja.** [ja:]
Não.	**Nein.** [naɪn]
Não sei.	**Ich weiß nicht.** [ɪç vaɪs nɪçt]
Onde? | Para onde? | Quando?	**Wo? | Wohin? | Wann?** [vo:? | vo'hɪn? | van?]
Preciso de ...	**Ich brauche ...** [ɪç 'bʀaʊχə ...]
Eu queria ...	**Ich möchte ...** [ɪç 'mœçtə ...]
Tem ...?	**Haben Sie ...?** ['ha:bən zi: ...?]
Há aqui ...?	**Gibt es hier ...?** [gi:pt ɛs 'hi:ɐ ...?]
Posso ...?	**Kann ich ...?** [kan ɪç ...?]
..., por favor	**Bitte** ['bɪtə]
Estou à procura ...	**Ich suche ...** [ɪç 'zu:χə ...]
da casa de banho	**Toilette** [toa'lɛtə]
dum Multibanco	**Geldautomat** ['gɛltʔ'aʊtoˌma:t]
de uma farmácia	**Apotheke** [apo'te:kə]
dum hospital	**Krankenhaus** ['kʀaŋkənˌhaʊs]
da esquadra de polícia	**Polizeistation** [poli'tsaɪ·ʃtaˌtsjo:n]
do metro	**U-Bahn** ['u:ba:n]

de um táxi	**Taxi** ['taksi]
da estação de comboio	**Bahnhof** ['baːnˌhoːf]

Chamo-me …	**Ich heiße …** [ɪç 'haɪsə …]
Como se chama?	**Wie heißen Sie?** [viː 'haɪsən ziː?]
Pode-me dar uma ajuda?	**Helfen Sie mir bitte.** ['hɛlfən ziː miːɐ 'bɪtə]
Tenho um problema.	**Ich habe ein Problem.** [ɪç 'haːbə aɪn pʀo'bleːm]
Não me sinto bem.	**Mir ist schlecht.** [miːɐ ɪs ʃlɛçt]
Chame a ambulância!	**Rufen Sie einen Krankenwagen!** ['ʀuːfən ziː: 'aɪnən 'kʀaŋkənˌvaːgən!]
Posso fazer uma chamada?	**Darf ich telefonieren?** [daʀf ɪç telefo'niːʀən?]

Desculpe.	**Entschuldigung.** [ɛnt'ʃuldɪgʊŋ]
De nada.	**Keine Ursache.** ['kaɪnə 'uːɐˌzaχə]

eu	**ich** [ɪç]
tu	**du** [duː]
ele	**er** [eːɐ]
ela	**sie** [ziː]
eles	**sie** [ziː]
elas	**sie** [ziː]
nós	**wir** [viːɐ]
vocês	**ihr** [iːɐ]
você	**Sie** [ziː]

ENTRADA	**EINGANG** ['aɪnˌgaŋ]
SAÍDA	**AUSGANG** ['aʊsˌgaŋ]
FORA DE SERVIÇO	**AUßER BETRIEB** [ˌaʊsɐ bə'tʀiːp]
FECHADO	**GESCHLOSSEN** [gə'ʃlɔsən]

ABERTO

OFFEN
['ɔfən]

PARA SENHORAS

FÜR DAMEN
[fyːɐ 'damən]

PARA HOMENS

FÜR HERREN
[fyːɐ 'hɛʀən]

BOOKS

MINI DICIONÁRIO

Esta secção contém 250 palavras úteis necessárias para a comunicação do dia a dia. Irá encontrar aqui os nomes dos meses e dias da semana. O dicionário contém também temas como cores, medidas, família e muito mais

T&P Books Publishing

CONTEÚDO DO DICIONÁRIO

T&P Books Publishing

tempo (m)	**Zeit** (f)	[tsaɪt]
hora (f)	**Stunde** (f)	[ˈʃtʊndə]
meia hora (f)	**eine halbe Stunde**	[ˈaɪnə ˈhalbə ˈʃtʊndə]
minuto (m)	**Minute** (f)	[miˈnuːtə]
segundo (m)	**Sekunde** (f)	[zeˈkʊndə]
hoje	**heute**	[ˈhɔɪtə]
amanhã	**morgen**	[ˈmɔʁɡən]
ontem	**gestern**	[ˈɡɛstɐn]
segunda-feira (f)	**Montag** (m)	[ˈmoːntaːk]
terça-feira (f)	**Dienstag** (m)	[ˈdiːnstaːk]
quarta-feira (f)	**Mittwoch** (m)	[ˈmɪtvɔχ]
quinta-feira (f)	**Donnerstag** (m)	[ˈdɔnɐstaːk]
sexta-feira (f)	**Freitag** (m)	[ˈfʁaɪtaːk]
sábado (m)	**Samstag** (m)	[ˈzamstaːk]
domingo (m)	**Sonntag** (m)	[ˈzɔntaːk]
dia (m)	**Tag** (m)	[taːk]
dia (m) de trabalho	**Arbeitstag** (m)	[ˈaʁbaɪtsˌtaːk]
feriado (m)	**Feiertag** (m)	[ˈfaɪɐˌtaːk]
fim (m) de semana	**Wochenende** (n)	[ˈvɔχənˌʔɛndə]
semana (f)	**Woche** (f)	[ˈvɔχə]
na semana passada	**letzte Woche**	[ˈlɛtstə ˈvɔχə]
na próxima semana	**nächste Woche**	[ˈnɛːçstə ˈvɔχə]
de manhã	**morgens**	[ˈmɔʁɡəns]
à tarde	**nachmittags**	[ˈnaːχmɪˌtaːks]
à noite (noitinha)	**abends**	[ˈaːbənts]
hoje à noite	**heute Abend**	[ˈhɔɪtə ˈaːbənt]
à noite	**nachts**	[naχts]
meia-noite (f)	**Mitternacht** (f)	[ˈmɪtɐˌnaχt]
janeiro (m)	**Januar** (m)	[ˈjanuaːɐ]
fevereiro (m)	**Februar** (m)	[ˈfeːbʁuaːɐ]
março (m)	**März** (m)	[mɛʁts]
abril (m)	**April** (m)	[aˈpʁɪl]
maio (m)	**Mai** (m)	[maɪ]
junho (m)	**Juni** (m)	[ˈjuːni]
julho (m)	**Juli** (m)	[ˈjuːli]
agosto (m)	**August** (m)	[aʊˈɡʊst]

setembro (m)	September (m)	[zɛp'tɛmbɐ]
outubro (m)	Oktober (m)	[ɔk'to:bɐ]
novembro (m)	November (m)	[no'vɛmbɐ]
dezembro (m)	Dezember (m)	[de'tsɛmbɐ]

na primavera	im Frühling	[ɪm 'fʀy:lɪŋ]
no verão	im Sommer	[ɪm 'zɔmɐ]
no outono	im Herbst	[ɪm hɛʁpst]
no inverno	im Winter	[ɪm 'vɪntɐ]

mês (m)	Monat (m)	['mo:nat]
estação (f)	Saison (f)	[zɛ'zɔŋ]
ano (m)	Jahr (n)	[ja:ɐ]

2. Números. Numeração

zero	null	[nʊl]
um	eins	[aɪns]
dois	zwei	[tsvaɪ]
três	drei	[dʀaɪ]
quatro	vier	[fi:ɐ]

cinco	fünf	[fʏnf]
seis	sechs	[zɛks]
sete	sieben	['zi:bən]
oito	acht	[aχt]
nove	neun	[nɔɪn]
dez	zehn	[tse:n]

onze	elf	[ɛlf]
doze	zwölf	[tsvœlf]
treze	dreizehn	['dʀaɪtse:n]
catorze	vierzehn	['fɪʁtse:n]
quinze	fünfzehn	['fʏnftse:n]

dezasseis	sechzehn	['zɛçtse:n]
dezassete	siebzehn	['zi:ptse:n]
dezoito	achtzehn	['aχtse:n]
dezanove	neunzehn	['nɔɪntse:n]

vinte	zwanzig	['tsvantsɪç]
trinta	dreißig	['dʀaɪsɪç]
quarenta	vierzig	['fɪʁtsɪç]
cinquenta	fünfzig	['fʏnftsɪç]

sessenta	sechzig	['zɛçtsɪç]
setenta	siebzig	['zi:ptsɪç]
oitenta	achtzig	['aχtsɪç]
noventa	neunzig	['nɔɪntsɪç]
cem	einhundert	['aɪnˌhʊndɐt]

duzentos	zweihundert	['tsvaɪˌhʊndɐt]
trezentos	dreihundert	['dʀaɪˌhʊndɐt]
quatrocentos	vierhundert	['fiːɐˌhʊndɐt]
quinhentos	fünfhundert	['fʏnfˌhʊndɐt]

seiscentos	sechshundert	[zɛksˌhʊndɐt]
setecentos	siebenhundert	['ziːbənˌhʊndɐt]
oitocentos	achthundert	['aχtˌhʊndɐt]
novecentos	neunhundert	['nɔɪnˌhʊndɐt]
mil	eintausend	['aɪnˌtaʊzənt]

| dez mil | zehntausend | ['tsenˌtaʊzənt] |
| cem mil | hunderttausend | ['hʊndɐtˌtaʊzənt] |

| um milhão | **Million** (f) | [mɪ'ljoːn] |
| mil milhões | **Milliarde** (f) | [mɪ'lɪaʀdə] |

3. Humanos. Família

homem (m)	**Mann** (m)	[man]
jovem (m)	**Junge** (m)	['jʊŋə]
mulher (f)	**Frau** (f)	[fʀaʊ]
rapariga (f)	**Mädchen** (n)	['mɛːtçən]
velho (m)	**Greis** (m)	[gʀaɪs]
velhota (f)	**alte Frau** (f)	['altə 'fʀaʊ]

mãe (f)	**Mutter** (f)	['mʊtɐ]
pai (m)	**Vater** (m)	['faːtɐ]
filho (m)	**Sohn** (m)	[zoːn]
filha (f)	**Tochter** (f)	['tɔχtɐ]
irmão (m)	**Bruder** (m)	['bʀuːdɐ]
irmã (f)	**Schwester** (f)	['ʃvɛstɐ]

pais (pl)	**Eltern** (pl)	['ɛltɐn]
criança (f)	**Kind** (n)	[kɪnt]
crianças (f pl)	**Kinder** (pl)	['kɪndɐ]
madrasta (f)	**Stiefmutter** (f)	['ʃtiːfˌmʊtɐ]
padrasto (m)	**Stiefvater** (m)	['ʃtiːfˌfaːtɐ]

avó (f)	**Großmutter** (f)	['gʀoːsˌmʊtɐ]
avô (m)	**Großvater** (m)	['gʀoːsˌfaːtɐ]
neto (m)	**Enkel** (m)	['ɛŋkəl]
neta (f)	**Enkelin** (f)	['ɛŋkəlɪn]
netos (pl)	**Enkelkinder** (pl)	['ɛŋkəlˌkɪndɐ]

tio (m)	**Onkel** (m)	['ɔŋkəl]
tia (f)	**Tante** (f)	['tantə]
sobrinho (m)	**Neffe** (m)	['nɛfə]
sobrinha (f)	**Nichte** (f)	['nɪçtə]
mulher (f)	**Frau** (f)	[fʀaʊ]

marido (m)	**Mann** (m)	[man]
casado	**verheiratet**	[fɛɛ'haɪʁa:tət]
casada	**verheiratet**	[fɛɛ'haɪʁa:tət]
viúva (f)	**Witwe** (f)	['vɪtvə]
viúvo (m)	**Witwer** (m)	['vɪtvɐ]

| nome (m) | **Vorname** (m) | ['fo:ɐ̯ˌna:mə] |
| apelido (m) | **Name** (m) | ['na:mə] |

parente (m)	**Verwandte** (m)	[fɛɛ'vantə]
amigo (m)	**Freund** (m)	[fʁɔɪnt]
amizade (f)	**Freundschaft** (f)	['fʁɔɪntʃaft]

parceiro (m)	**Partner** (m)	['paʁtnɐ]
superior (m)	**Vorgesetzte** (m)	['fo:ɐ̯gəˌzɛtstə]
colega (m)	**Kollege** (m), **Kollegin** (f)	[kɔ'le:gə], [kɔ'le:gɪn]
vizinhos (pl)	**Nachbarn** (pl)	['naxba:ɐn]

4. Corpo humano

corpo (m)	**Körper** (m)	['kœʁpɐ]
coração (m)	**Herz** (n)	[hɛʁts]
sangue (m)	**Blut** (n)	[blu:t]
cérebro (m)	**Gehirn** (n)	[gə'hɪʁn]

osso (m)	**Knochen** (m)	['knɔxən]
coluna (f) vertebral	**Wirbelsäule** (f)	['vɪʁbəlˌzɔɪlə]
costela (f)	**Rippe** (f)	['ʁɪpə]
pulmões (m pl)	**Lungen** (pl)	['lʊŋən]
pele (f)	**Haut** (f)	[haʊt]

cabeça (f)	**Kopf** (m)	[kɔpf]
cara (f)	**Gesicht** (n)	[gə'zɪçt]
nariz (m)	**Nase** (f)	['na:zə]
testa (f)	**Stirn** (f)	[ʃtɪʁn]
bochecha (f)	**Wange** (f)	['vaŋə]

boca (f)	**Mund** (m)	[mʊnt]
língua (f)	**Zunge** (f)	['tsʊŋə]
dente (m)	**Zahn** (m)	[tsa:n]
lábios (m pl)	**Lippen** (pl)	['lɪpən]
queixo (m)	**Kinn** (n)	[kɪn]

orelha (f)	**Ohr** (n)	[o:ɐ]
pescoço (m)	**Hals** (m)	[hals]
olho (m)	**Auge** (n)	['aʊgə]
pupila (f)	**Pupille** (f)	[pu'pɪlə]
sobrancelha (f)	**Augenbraue** (f)	['aʊgənˌbʁaʊə]
pestana (f)	**Wimper** (f)	['vɪmpɐ]
cabelos (m pl)	**Haare** (pl)	['ha:ʁə]

penteado (m)	**Frisur** (f)	[ˌfʀiˈzuːɐ̯]
bigode (m)	**Schnurrbart** (m)	[ˈʃnʊʁˌbaːɐ̯t]
barba (f)	**Bart** (m)	[baːɐ̯t]
usar, ter (~ barba, etc.)	**haben** (vt)	[haːbən]
calvo	**kahl**	[kaːl]

mão (f)	**Hand** (f)	[hant]
braço (m)	**Arm** (m)	[aʁm]
dedo (m)	**Finger** (m)	[ˈfɪŋɐ]
unha (f)	**Nagel** (m)	[ˈnaːgəl]
palma (f) da mão	**Handfläche** (f)	[ˈhantˌflɛçə]

ombro (m)	**Schulter** (f)	[ˈʃʊltɐ]
perna (f)	**Bein** (n)	[baɪn]
joelho (m)	**Knie** (n)	[kniː]
calcanhar (m)	**Ferse** (f)	[ˈfɛʁzə]
costas (f pl)	**Rücken** (m)	[ˈʀʏkən]

5. Vestuário. Acessórios pessoais

roupa (f)	**Kleidung** (f)	[ˈklaɪdʊŋ]
sobretudo (m)	**Mantel** (m)	[ˈmantəl]
casaco (m) de peles	**Pelzmantel** (m)	[ˈpɛltsˌmantəl]
casaco, blusão (m)	**Jacke** (f)	[ˈjakə]
impermeável (m)	**Regenmantel** (m)	[ˈʀeːgənˌmantəl]

camisa (f)	**Hemd** (n)	[hɛmt]
calças (f pl)	**Hose** (f)	[ˈhoːzə]
casaco (m) de fato	**Jackett** (n)	[ʒaˈkɛt]
fato (m)	**Anzug** (m)	[ˈanˌtsuːk]

vestido (ex. ~ vermelho)	**Kleid** (n)	[klaɪt]
saia (f)	**Rock** (m)	[ʀɔk]
T-shirt, camiseta (f)	**T-Shirt** (n)	[ˈtiːʃøːɐ̯t]
roupão (m) de banho	**Bademantel** (m)	[ˈbaːdəˌmantəl]
pijama (m)	**Schlafanzug** (m)	[ˈʃlaːfʔanˌtsuːk]
roupa (f) de trabalho	**Arbeitskleidung** (f)	[ˈaʁbaɪtsˌklaɪdʊŋ]

roupa (f) interior	**Unterwäsche** (f)	[ˈʊntɐˌvɛʃə]
peúgas (f pl)	**Socken** (pl)	[ˈzɔkən]
sutiã (m)	**Büstenhalter** (m)	[ˈbystənˌhaltɐ]
meia-calça (f)	**Strumpfhose** (f)	[ˈʃtʀʊmpfˌhoːzə]
meias (f pl)	**Strümpfe** (pl)	[ˈʃtʀʏmpfə]
fato (m) de banho	**Badeanzug** (m)	[ˈbaːdəˌʔantsuːk]

chapéu (m)	**Mütze** (f)	[ˈmʏtsə]
calçado (m)	**Schuhe** (pl)	[ˈʃuːə]
botas (f pl)	**Stiefel** (pl)	[ˈʃtiːfəl]
salto (m)	**Absatz** (m)	[ˈapˌzats]
atacador (m)	**Schnürsenkel** (m)	[ˈʃnyːɐ̯ˌsɛŋkəl]

graxa (f) para calçado	Schuhcreme (f)	[ˈʃuːˌkʀɛːm]
luvas (f pl)	Handschuhe (pl)	[ˈhantʃuːə]
mitenes (f pl)	Fausthandschuhe (pl)	[ˈfaʊst·hantʃuːə]
cachecol (m)	Schal (m)	[ʃaːl]
óculos (m pl)	Brille (f)	[ˈbʀɪlə]
guarda-chuva (m)	Regenschirm (m)	[ˈʀeːgənʃɪʀm]
gravata (f)	Krawatte (f)	[kʀaˈvatə]
lenço (m)	Taschentuch (n)	[ˈtaʃənˌtuːχ]
pente (m)	Kamm (m)	[kam]
escova (f) para o cabelo	Haarbürste (f)	[ˈhaːɐ̯ˌbʏʀstə]
fivela (f)	Schnalle (f)	[ˈʃnalə]
cinto (m)	Gürtel (m)	[ˈgʏʀtəl]
mala (f) de senhora	Handtasche (f)	[ˈhantˌtaʃə]

6. Casa. Apartamento

apartamento (m)	Wohnung (f)	[ˈvoːnʊŋ]
quarto (m)	Zimmer (n)	[ˈtsɪmɐ]
quarto (m) de dormir	Schlafzimmer (n)	[ˈʃlaːfˌtsɪmɐ]
sala (f) de jantar	Esszimmer (n)	[ˈɛsˌtsɪmɐ]
sala (f) de estar	Wohnzimmer (n)	[ˈvoːnˌtsɪmɐ]
escritório (m)	Arbeitszimmer (n)	[ˈaʀbaɪtsˌtsɪmɐ]
antessala (f)	Vorzimmer (n)	[ˈfoːɐ̯ˌtsɪmɐ]
quarto (m) de banho	Badezimmer (n)	[ˈbaːdəˌtsɪmɐ]
toilette (lavabo)	Toilette (f)	[toaˈlɛtə]
aspirador (m)	Staubsauger (m)	[ˈʃtaʊpˌzaʊgɐ]
esfregão (m)	Schrubber (m)	[ˈʃʀʊbɐ]
pano (m), trapo (m)	Lappen (m)	[ˈlapən]
vassoura (f)	Besen (m)	[ˈbeːzən]
pá (f) de lixo	Kehrichtschaufel (f)	[ˈkeːʀɪçtʃaʊfəl]
mobiliário (m)	Möbel (n)	[ˈmøːbəl]
mesa (f)	Tisch (m)	[tɪʃ]
cadeira (f)	Stuhl (m)	[ʃtuːl]
cadeirão (m)	Sessel (m)	[ˈzɛsəl]
espelho (m)	Spiegel (m)	[ˈʃpiːgəl]
tapete (m)	Teppich (m)	[ˈtɛpɪç]
lareira (f)	Kamin (m)	[kaˈmiːn]
cortinas (f pl)	Vorhänge (pl)	[ˈfoːɐ̯hɛŋə]
candeeiro (m) de mesa	Tischlampe (f)	[ˈtɪʃˌlampə]
lustre (m)	Kronleuchter (m)	[ˈkʀoːnˌlɔɪçtɐ]
cozinha (f)	Küche (f)	[ˈkʏçə]
fogão (m) a gás	Gasherd (m)	[ˈgaːsˌheːɐ̯t]
fogão (m) elétrico	Elektroherd (m)	[eˈlɛktʀoˌheːɐ̯t]

forno (m) de micro-ondas	**Mikrowellenherd** (m)	['mikʀovɛlən‚heːɐt]
frigorífico (m)	**Kühlschrank** (m)	['kyːlˌʃʀaŋk]
congelador (m)	**Tiefkühltruhe** (f)	['tiːfkyːlˌtʀuːə]
máquina (f) de lavar louça	**Geschirrspülmaschine** (f)	[gə'ʃɪʀˑʃpyːlˑmaʃiːnə]
torneira (f)	**Wasserhahn** (m)	['vasɐˌhaːn]
moedor (m) de carne	**Fleischwolf** (m)	['flaɪʃvɔlf]
espremedor (m)	**Saftpresse** (f)	['zaftˌpʀɛsə]
torradeira (f)	**Toaster** (m)	['toːstɐ]
batedeira (f)	**Mixer** (m)	['mɪksɐ]
máquina (f) de café	**Kaffeemaschine** (f)	['kafeˑmaʃiːnə]
chaleira (f)	**Wasserkessel** (m)	['vasɐˌkɛsəl]
bule (m)	**Teekanne** (f)	['teːˌkanə]
televisor (m)	**Fernseher** (m)	['fɛʀnˌzeːɐ]
videogravador (m)	**Videorekorder** (m)	['videoˑʀeˌkɔʀdɐ]
ferro (m) de engomar	**Bügeleisen** (n)	['byːgəlˌʔaɪzən]
telefone (m)	**Telefon** (n)	[teleˈfoːn]

www.ingramcontent.com/pod-product-compliance
Lightning Source LLC
Chambersburg PA
CBHW071505070426
42452CB00041B/2306